“四好农村路”之西和实践

中共西和县委
西和县人民政府　组织编写

人民交通出版社股份有限公司
China Communications Press Co.,Ltd.

内 容 提 要

“四好农村路”是中共中央总书记习近平于2014年3月提出的。2017年12月，习近平又对“四好农村路”建设作出重要指示。他强调，近年来，“四好农村路”建设取得了实实在在的成效，为农村特别是贫困地区带去了人气、财气，也为党在基层凝聚了民心。

2017年，西和县被评选为首批“四好农村路”全国示范县。本书梳理总结了西和县在“四好农村路”建设中的经验做法及取得的成效，可供各地参考借鉴。

图书在版编目（CIP）数据

“四好农村路”之西和实践 / 中共西和县委，西和县人民政府组织编写 . — 北京：人民交通出版社股份有限公司，2018.8

ISBN 978-7-114-14914-6

Ⅰ. ①四… Ⅱ. ①中… ②西… Ⅲ. ①农村道路—道路建设—研究—西和县 Ⅳ. ① F542.842.4

中国版本图书馆 CIP 数据核字（2018）第 167105 号

书　　名：“四好农村路”之西和实践
著 作 者：中共西和县委　西和县人民政府
责任编辑：王　丹
责任校对：刘　芹
责任印制：张　凯
出版发行：人民交通出版社股份有限公司
地　　址：（100011）北京市朝阳区安定门外外馆斜街3号
网　　址：http：//www.ccpress.com.cn
销售电话：（010）59757973
总 经 销：人民交通出版社股份有限公司发行部
经　　销：各地新华书店
印　　刷：中国电影出版社印刷厂
开　　本：787 × 1092　1/16
印　　张：5
字　　数：85千
版　　次：2018年 8月　第 1 版
印　　次：2018年 8月　第 1 次印刷
书　　号：ISBN 978-7-114-14914-6
定　　价：48.00元

西和县隶属于甘肃省陇南市，位于甘肃省东南部，陇南市北端，因古西和州而得县名。截至2018年3月，西和县辖16个镇、4个乡，总人口43万人，总面积1861平方公里，是国家扶贫开发重点县，甘肃省23个深度贫困县之一，贫困人口多、贫困化程度深，综合贫困指数位于甘肃省前列。

西和县境内山大沟深、人居分散、自然条件艰苦，长期落后的交通环境曾是我县经济社会发展的主要瓶颈。近年来，我县认真学习贯彻落实习近平总书记关于“四好农村路”重要指示精神，紧紧围绕“四好农村路”建设总体目标，从科学统筹规划、全面加快建设、严格执行标准、加强建设管理等方面着手，努力提升“四好农村路”发展质量，为我县经济社会发展提供了强有力的交通支撑。

2017年，我县被评为首批“四好农村路”全国示范县。按照交通运输部要求，我县及时总结了可借鉴、可推广的经验，采取各种有效措施宣传推广，充分发挥了示范县的典型引领作用。在总结“西和经验”的基础上，我们组织编写了本书。本书主要撰写人员：张富生、孟龙。相信，本书的出版将继续推动我县增强新时代“四好农村路”建设的责任感和自觉性，进一步把习近平总书记重要指示精神落到实处。

中共西和县委

西和县人民政府

2018年4月

"四好农村路"

目录
Contents

“四好农村路”

建设“四好农村路”共筑小康致富梦

近年来，在交通运输部及省、市交通运输部门的大力支持下，我县科学统筹规划、全面加快建设、创新管养模式、提升运营水平，农村公路建设、管理、养护、运营协调发展。

一、在谋划上坚持多措并举，全面突破“最后一公里”交通建设瓶颈

县委、县政府牢固树立“精准扶贫、交通先行”的理念，把交通建设作为“一把手”

工程来抓，农村公路建设重要决策、重大项目，均由主要领导亲自谋划、亲自部署、亲自督办。2015 年以来，通过整合财政、发改、扶贫等部门资金 6145 万元，利用国家专项资金 5.47 亿元，争取国开行贷款 2.6 亿元，建成了干线公路 158.5 公里、产业路 44.1 公里、建制村（自然村）道路 685.6 公里、旅游路 36.8 公里、便民桥 22 座，解决了交通服务群众“最后一公里”问题，为全县经济社会发展提供强有力的交通保障。

二、在措施上强化部门联动，全面推行“四化”建设机制

我县坚持因地制宜、以人为本的工作思路，心往一处想、劲往一处使，农村公路建设与城镇布局规划同推进，特色产业开发和交通运输网络运营共发展，全县农村公路基本实现了“四化”（硬化、亮化、美化、绿化），有效助推了全县美丽乡村建设。

（一）着眼引领，科学编制交通规划。抢抓“十三五”交通发展机遇，按照交通发展、规划先行的理念，将交通建设与脱贫攻坚、旅游开发、产业培育有机结合，围绕打通断头路、建设联网路、改造低等路、提升干线路、构建循环网的思路，科学编制了交通运输“十三五”发展专项规划以及乡村道公路网规划，科学引领全县交通建设有序开展。

（二）凝心聚力，多措并举推进建设。县上立足实际，坚持因路施策，交通量大、地势宽广的公路采用四级公路双车道标准或进行“窄改宽”改造，交通量小或困难路段采用单车道，按规定设置错车道。通过积极争取项目、自筹资金等方式，投资 5600 万元，建成了 1100 公里农村公路安全生命防护工程。在高边急弯路段设置弯道广角镜；薄壁式钢筋混凝土防撞墙；在临崖临水路段增设波形护栏、钢索护栏和混凝土示警桩；在学校村庄路段，设置强制减速带、振动标线、爆闪灯、警示标志和人车分离栅栏。基本实现了改建农村公路安防、管养、客运等设施三同步。

（三）示范带动，全面提升交通水平。按照打造“四好农村路”的要求，坚持示范带动；按照“一条路一方案、一名包抓领导、一个技术负责人、一套创建标准”的要求，积极打造了一批建设、养护等方面示范工程，着力推进全县交通事业的快速发展。

（四）狠抓质量，倾心打造优质工程。切实落实农村公路建设“七公开”制度，始终把质量作为工程的“生命线”，全面推行“工程质量终身责任制”和“质量责任追究制”。建成了具有公路工程试验乙级资质的中心试验室，全面加强工程质量的监管，倾心打造优质工程、精品工程。

（五）部门联动，多方推进交通发展。按照“四化”的标准，交通部门负责对农村公路进行“硬化”，财政部门在村镇道路安装路灯进行“亮化”，乡（镇）、村两级在公路两侧栽花种草进行“美化”，林业部门栽植行道树进行“绿化”，极大地改善了人居环境，有效推进交通建设全方位发展。

（六）多措并举，不断拓宽融资渠道。采取“争取国家项目实施一批；整合资金建设一批；财政自筹资金列支一批；动员帮扶单位、社会企业捐资建设一批”的“四个一批”融资措施，保障项目建设资金落实到位。

三、在管理上凝聚工作合力，全面构建“四位一体”管理体系

注重与实际相结合，不断创新管理措施，建立层层落实、多级联动的监管体系，做到“四好农村路”管理无死角，探索形成了“固定治超、流动巡查、乡镇管理、村社劝导”的“四位一体”农村公路管理体系。

（一）积极探索，不断完善管理体系。按照农村公路管理养护体制改革的要求，我县积极探索农村公路县、乡、村三级管理体系，加快建立县有路政员、乡有监管员、村有护路员的路产路权保护队伍。目前，全县20个乡镇全部成立农村公路管理所，384个行政村、10个社区全部成立交通安全管理室，县、乡农村公路管理机构设置率达到100%，机构运行经费纳入一般公共预算的比例达到100%，全县农村公路管理长效机制基本形成。

（二）广泛宣传，营造全民护路氛围。通过向沿线群众发放爱路、护路宣传资料，设置宣传牌，充分利用宣传车辆，营造全民爱路护路的氛围。公路沿线爱路护路乡规民约、村规民约制定率达到了100%。

（三）突出重点，全力开展治超行动。为有效治理超限超载违法行为，县政府自筹资金，于2012年在何坝镇麦川村高标准建设了一处占地面积10亩，有卸载区、检测区、办公区等配套设施完备的县级公路治超站，同时配备了流动治超设备。全力开展县乡公路超限超载治理专项行动，及时制止和查处违法超限运输及其他各类破坏、损坏农村公路设施等行为，确保公路安全畅通运行。

四、在养护上创新机制方法，全面实行“四个结合”和“三定一包”养护模式

按照“县道县养、乡道乡养、村道村养”的原则，严格落实养护责任，探索创新养护模式，切实解决农村公路日常养护难题。

（一）完善机制，逐级落实养护责任。全面落实县级人民政府的主体责任，充分发挥乡镇人民政府、村委会和村民的作用，县级交通运输主管部门成立了副科级建制的农村公路管理养护站，20 个乡（镇）设立了科级建制的公路管理所，通过公益性岗位为全县 384 个行政村每村配设了 2 ～ 3 名专职养路护路员。明确农村公路养护责任主体，层层签订农村公路养护目标责任书，进一步细化县、乡、村三级养护管理职责，基本完善了农村公路养护机制。

（二）落实经费，保障养护工作有效开展。县财政每年列支养护经费 600 万元，乡镇、村社两级按工作经费相应比例落实日常养护费用，保障乡村公路管养资金投入。

（三）创新模式，基本实现有路必养。推行“四个结合”的养护模式（即：养护站养护、道班养护、群众养护、企业养护相结合），全力加强农村公路日常养护工作。同时，实行“定路段、定标准、定报酬，包养护质量”的“三定一包”责任制，确定农村低保户、五保户、精准扶贫户和公益性岗位人员参与公路日常养护，在增加群众收入的同时，形成了固定的养护队伍，提高了养护质量。

（四）广泛动员，全民开展公路养护。县政府结合城乡环境卫生综合整治工作，将每月 10 日、20 日、30 日定为全县农村公路保洁日，由乡镇、村社两级组织干部群众参与，开展清扫路面、疏通边沟、铲除杂草等集中养护活动，形成了公路保洁长效机制。目前，全县列养农村公路总里程达 1336.3 公里，其中县道 195.1 公里，乡道、村道 1141.2 公里，养护率达到 100%，养护优良率达到 75% 以上。

五、在运营上提升服务能力，全面拓宽交通运输网络

坚持“城乡统筹、以城带乡、城乡一体、客货并举、运邮结合”总体思路，不断加快完善农村公路运输服务网络，广大农民群众“出门水泥路，抬脚上客车”的梦想正加快实现。

（一）统筹城乡，加快完善服务网络。实行路、点、站、运统筹谋划、一体发展，大力推进乡镇客运站、村级停靠点、物流快递园建设，依托公交枢纽站等客运站场，积极推动公交车向县城周边乡镇延伸服务。

（二）因地制宜，积极推进站点建设。通过建设乡镇客运站和行政村停靠点，进一步加快农村客运发展步伐，努力实现村级停靠点全覆盖，乡镇具备条件的建制村通客车比例达到了 100%。

（三）依托电商，加快构建物流网络。依托全县大力发展电商扶贫机遇，大力发展农村物流快递产业，全力构建县、乡、村三级物流配送网络，切实提高农村公路综合使用效益和整体服务水平。

虽然近年来我县农村公路在建设、管理、养护、运营等方面取得了长足的发展，但与广大人民群众的热切期盼相比，仍存在一定的不足。在今后的工作中，我县将自我加压，以干克难，以新理念引领农村公路发展、以新担当加快农村公路建设、以新举措推进农村公路管养、以新成效反哺全县扶贫攻坚，早日建成“外通内联、通村畅乡、班车到村、安全便捷”交通运输网络，确保到 2020 年我县与全省、全国一道迈入全面小康社会。

“西和经验”之五大法宝

近年来，西和县紧紧围绕“四好农村路”建设总体目标，以科学统筹规划、全面加快建设、严格执行标准、加强建设管理等方面着手，努力提升全县农村公路建设质量和服务水平。

一、多措并举抓公路建设

近年来，西和县紧紧围绕“四好农村路”建设总体目标，将交通建设与脱贫攻坚、旅

游开发、产业培育有机结合，全面开展农村公路建设、管理、养护、运营，基本建成了适应社会发展的农村公路网络，于2017年初被省厅命名为省级“四好农村路”示范县。通过积极向上级争取资金、整合各类扶贫资金、发动双联单位帮扶、争取国开行贷款等融资形式，大力实施村组道路建设、农村公路“窄改宽”工程及生命安全防护工程。依托全县大力发展电商扶贫这一机遇，大力发展农村物流快递产业，全力构建县、乡、村三级物流配送网络，切实提高农村公路综合使用效益和整体服务水平。人民群众对农村公路发展满意度高、获得感强，并得到了省、市的认可。2016年全市安全生命防护工程现场会在西和召开，陇南市电视台、陇南日报全方位进行了报道；2017年全省农村公路安全生命防护工程现场会、全市交通项目建设现场会在西和召开，省电视台、甘肃日报、市电视台、陇南日报进行了专题报道。

二、县乡村管理体制顺畅

按照“县道县养，乡道乡养，村道村养”的原则，县上成立农村公路管理养护站，全县20个乡镇全部成立农村公路管理所，384个行政村、10个社区全部成立交通安全管理室，县、乡农村公路管理机构设置率达到100%，机构运行经费纳入一般公共预算的比例达到100%，形成县有管理养护站、乡有管理所、村有交管室的农村公路管理体系。全面加强农村公路管理力度，不断形成县有路政执法员、乡（镇）有监管员、村有巡查员的路产路权保护队伍。积极营造全民爱路护路的氛围，公路沿线爱路护路乡规民约、村规民约制定率达到了100%。同时，县上把全县公路养护资金纳入县财政预算，按照比例落实，全县农村公路管理长效机制基本建立。

三、公路养护扎实开展

西和县将公路养护资金纳入县财政预算，每年列支资金用于公路管理养护，按照养护权限，将日常养护经费和人员作为“有路必养”的考核范围。在日常养护中，实行“定路段、定标准、定报酬，包养护质量”的“三定一包”责任制，吸收农村有劳动能力的低保户、五保户、公益性人员等群众参与公路日常养护，在增加农民收入的基础上，锻炼了养护队伍，提高了养护技能。在部分主干线路实行地企共养，对地处主干公路沿线的企业划分养护路段，确保主干道的畅通运行。同时，积极动员全县人民群众，结合“美在西和”行动，将每月10日、20日、30日确定为全县公路保洁日，由乡（镇）、村两级组织，干部群众投工投劳，义务开展清扫路面、疏通边沟、铲除杂草等公路集中养护活动，全面提升了全县公路的通行环境，基本实现有路必养，养必优良。目前，全县列养农村公路总里程达到1336.3公里，其中：县道195.1公里，乡道、村道1141.2公里，养护率达到100%，养护优良率达到75%以上，路面技术状况指标（PQI）逐年上升。

四、质量安全基础牢固

西和县切实落实农村公路建设“七公开”制度，始终把质量作为工程的“生命线”，全面推行“工程质量终身责任制”和“质量责任追究制”，成立了中心实验室，全面保证项目建设质量。通过采取召开现场会观摩、巡回督查、不定期抽查、网络平台通报、第三方机构介入检测等方式，全面加强工程质量的监管，农村公路质量监督覆盖率达到100%，工程实体质量一次性交工验收合格率达到100%。以省级安全生命防护示范工程建设为引领，结合全县农村公路实际，重点打造了一批安全生命防护工程示范线路。通过示范引领，整体推进了全县农村公路安全生命防护工程进程，危桥总数逐年下降，未发生特别重大安全生产事故或重大质量事故。

五、有效助推美丽乡村建设

认真落实国务院改善农村人居环境部署及大力整治农村公路运输路域环境的总体要求，严格执行农村公路建设县、乡、村三级管理制度，形成了部门联动、群众参与、地企共建的农村公路建设良好局面。按照“四化”的标准，交通部门负责对农村公路进行“硬化”，财政部门及时安装路灯进行“亮化”，沿线乡镇、村庄通过实施风貌改造，对公路进行“美化”，林业部门栽植行道树，对公路进行“绿化”，农村公路促进美丽乡村建设效果好。

“四好农村路”

西和的探索与创新

西和县共有公路里程 1584.8 公里，全县 20 个乡镇 384 个建制村 10 个居委会全部通沥青（水泥）路，农村公路建制村通畅率达到 100%。

一、主要做法

（一）紧盯交通扶贫攻坚，全力打通“最后一公里”

西和县将省交通突破行动作为助推精准脱贫、全面建成小康社会的有力抓手，成立了由县政府主要领导任组长，分管领导任副组长的交通扶贫攻坚领导小组，牢固树立“精准扶贫、精准脱贫、交通先行”的理念，全面贯彻落实“1+17”精准扶贫工作方案，通过积极向上级争取资金、整合各类扶贫资金、发动双联单位帮扶、争取国开行贷款等融资形式，全力打通交通服务群众“最后一公里”，努力啃掉交通建设硬骨头。截至目前，全县384个建制村、10个居委会实现通畅工程全覆盖，166个贫困村村组道路全部进行了硬化，非贫困村村组道路硬化和农村公路改造等项目正有序推进。

（二）努力优化公路网络，全面建设好农村公路

农村公路是保障农民群众生产生活的基本条件，是农业和农村发展的先导性、基础性设施，是社会主义新农村建设的重要支撑。近年来，我县坚持因地制宜、以人为本的工作思路，使农村公路建设与优化城镇布局、农村产业经济发展和广大农民安全便捷出行相适应，全县农村公路基本实现了“四化”（即：硬化、亮化、美化、绿化）。农村公路质量监督覆盖率达到100%，工程实体质量一次性交工验收合格率达到100%。

（三）积极创新工作机制，努力管理好农村公路

注重与地区实际相结合，不断创新管理措施，建立层层落实、多级联动的监管体系，做到“四好农村路”管理无死角，常态化、长效化推进农村公路的管理。按照建立事权与支出责任相适应的财税体制改革要求，县上积极探索农村公路县、乡、村三级农村公路管理体系，努力构建符合农村公路特点的管理体制与机制。结合全县开展的“美在西和”行动和美丽乡村建设等活动，积极营造全民爱路护路的氛围，公路沿线爱路护路乡规民约、村规民约制定率达到了100%。

（四）广泛动员社会力量，全力养护好农村公路

针对农村公路的管理养护难题，按照“县道县养，乡道乡养，村道村养”的原则，进一步健全农村公路“建、管、养”并重的工作机制，全力开展公路养护工作。县级成立农村公路管理养护站，乡镇全部成立农村公路管理所，384个行政村、10个社区全部成立交通安全管理室，县、乡农村公路管理机构设置率达到100%，机构运行经费纳入一般公共预算的比例达到100%。按照“四个结合”的养护模式（即：养护站和道班养护、群众养护、企业养护、养管协会养护结合公司化养护），全力开展县乡主干道养护。每月10日、20日、30日为全县公路保洁日，由乡（镇）、村两级组织，干部群众投工投劳，义务开展清扫路面、疏通边沟、铲除杂草等公路集中养护活动。目前，全县列养农村公路总里程达到1336.3公里，其中：县道195.1公里，乡道、村道1141.2公里，养护率达到

100%，养护优良率达到 75% 以上。

（五）统筹城乡一体化网络，全面运营好农村公路

我县坚持“城乡统筹、以城带乡、城乡一体、客货并举、运邮结合”总体思路，不断加快完善农村公路运输服务网络。依托公交枢纽站等客运站场，积极推动公交车向十里、何坝、姜席、卢河、兴隆、西峪、石堡等县城周边乡镇延伸服务。

通过新建何坝镇洛峪镇、姜席镇等乡镇客运站和 152 个行政村停靠点，进一步加快农村客运发展步伐，努力实现村级停靠点全覆盖，乡镇具备条件的建制村通客车比例达到了 100%。依托全县大力发展电商扶贫机遇，大力发展农村物流快递产业，全力构建县、乡、村三级物流配送网络，切实提高农村公路综合使用效益和整体服务水平。

（六）加强安全监管力度，推动平安交通建设。

全面贯彻落实“安全第一、预防为主、综合治理”的方针，以强化安全生产两个主体责任落实为重点，以杜绝一般以上责任事故、减少和避免轻微责任事故为目标，持续深入开展“打非治违”“平安交通创建”“安全生产年”“双查双整”等活动，及时消除交通运输安全隐患，大力实施公路安全生命防护工程，不断夯实我县交通运输领域安全生产工作基础，全力打造“平安工地”“平安企业”“平安交通”。

二、“四好农村路”全国示范县基本条件完成情况

（一）西和县已于 2017 年初被命名为省级“四好农村路”示范县。

（二）近年来，西和县抢抓全省“6873”交通突破行动和“十三五”交通发展机遇，按照交通建设与脱贫攻坚、旅游开发、产业培育有机结合的方针，围绕打通断头路、建设联网路、改造低等路、提升干线路、构建循环网的思路，全面建成了适应社会发展的农村公路网络，努力为全面建成小康社会当好先行官。加快农村客运发展步伐，努力实现村级停靠点全覆盖，乡镇具备条件的建制村通客车比例达到了 100%。依托全县大力发展电商扶贫这一机遇，大力发展农村物流快递产业，全力构建县、乡、村三级物流配送网络，切实提高农村公路综合使用效益和整体服务水平。农民群众对农村公路发展满意度高、获得感强。

（三）按照“县道县养，乡道乡养，村道村养”的原则，进一步健全农村公路“建、管、养”并重的工作机制，县上成立农村公路管理养护站，负责全县县道、主要乡道和桥

梁等日常养护及养护维修工程；全县 20 个乡镇全部成立农村公路管理所，384 个行政村、10 个社区全部成立交通安全管理室，县、乡农村公路管理机构设置率达到 100%，机构运行经费纳入一般公共预算的比例达到 100%，形成县有管理养护站、乡有管理所、村有交管室的农村公路管理养护体系。全面加强农村公路管理力度，不断形成县有路政执法员、乡（镇）有监管员、村有巡查员的路产路权保护队伍。积极营造全民爱路护路的氛围，公路沿线爱路护路乡规民约、村规民约制定率达到了 100%。

（四）西和县把“四好农村路”主要指标纳入县、乡政府绩效考核目标。针对养护资金缺口大的难题，县政府盘活财政存量资金，把全县公路养护资金纳入县财政预算，按照比例落实养护资金 600 万元；乡（镇）、村两级严格落实养护经费，按照乡（镇）、村工作经费 8% 的比例，用于本乡镇公路日常养护。同时，结合联村联户行动，发动企业积极帮建村组道路建设，从而建立了以公共财政投入为主，多渠道筹措为辅的农村公路建设资金保障机制。下一步将进一步加大农村公路管理养护资金的投入。

（五）公路养护资金纳入县财政预算，每年列支资金用于公路管理养护，按照养护权限，将日常养护经费和人员作为“有路必养”的考核范围。在日常养护中，实行“定路段、定标准、定报酬，包养护质量”的“三定一包”责任制，吸收农村有劳动能力的低保户、五保户、公益性人员等群众参与公路日常养护，在增加农民收入的基础上，锻炼了养护队伍，提高了养护技能。在部分主干线路实行地企共养，对地处主干公路沿线的企业划分养护路段，确保主干道的畅通运行。目前，全县列养农村公路总里程达到 1336.3 公里，其中：县道 195.1 公里，乡道、村道 1141.2 公里，养护率达到 100%，养护优良率达到 75% 以上，路面技术状况指标（PQI）逐年上升。

（六）切实落实农村公路建设“七公开”制度，始终把质量作为工程的“生命线”，全面推行“工程质量终身责任制”和“质量责任追究制”，做好项目建设管理工作。通过采取召开现场会观摩、巡回督查、不定期抽查、网络平台通报、第三方机构介入检测等方式，全面加强工程质量的监管，农村公路质量监督覆盖率达到 100%，工程实体质量一次性交工验收合格率达到 100%。以省级安全生命防护示范工程建设为引领，结合我县农村公路实际，重点打造了一批安全生命防护工程示范线路，通过示范引领，整体推进了全市农村公路安全生命防护工程进程，危桥总数逐年下降，未发生特别重大安全生产事故或重大质量事故。

（七）认真落实国务院改善农村人居环境部署，大力整治农村公路运输路域环境。在

部门、乡镇全力开展美丽乡村建设的基础上，积极动员全县人民群众，结合“美在西和”行动，将每月 10 日、20 日、30 日定为全县公路保洁日，由乡（镇）、村两级组织，干部群众投工投劳，义务开展清扫路面、疏通边沟、铲除杂草等公路集中养护活动，基本实现了农村公路“畅、洁、绿、美、安”的目标。路政执法部门全面清理路域范围内非公路标志。路面常年保持整洁、无杂物，边沟平顺，排水畅通，无淤积、堵塞。县道基本实现路田分家、路宅分家，乡村道整治有序进行。

三、整改措施及下一步工作打算

虽然近年来我县农村公路在建设、管理、养护、运营等方面取得了长足的发展，但与“四好农村路”全国示范县的创建标准和广大人民群众的热切期盼相比，仍存在一定的不足。在接下来的工作中，我县将在国家及省、市主管部门的关心指导下，抢抓“四好农村路”全国示范县创建机遇，按照“四好农村路”建设的总体目标和任务要求，结合脱贫攻坚、全面建成小康社会和社会主义新农村建设等重点任务，进一步统一思想、坚定信心、创新思路、奋力攻坚，把农村公路建好、管好、护好、运营好，逐步消除制约农村发展的交通瓶颈，为广大人民群众脱贫致富奔小康提供更好的保障，为全面建成小康社会当好先行官。

"四好农村路"

盘点西和的 2017 年

2017 年，在交通运输部和省、市主管部门的关心指导下，县委、县政府高度重视交通工作，把交通建设作为"一把手"工程来抓，农村公路建设重要决策、重大项目，均由主要领导亲自谋划、亲自部署、亲自督办。全县交通工作以"四好农村路"全国示范县为新的起点，科学统筹规划、全面加快建设、创新管养模式、提升运营水平，农村公路建设、管理、养护、运营协调发展。

一、坚持多措并举，进一步建好农村路

我县把交通建设作为改善基础设施条件的首要任务来抓，围绕“四好农村路”建设总体目标，从科学规划、加快建设、严格标准和加强管理等方面着手，加快推进交通扶贫攻坚行动和重大交通项目建设，公路建设质量和服务水平不断提升。

一是建设村组道路，不断延伸公路里程。县委、县政府牢固树立“精准扶贫、交通先行”的理念，近两年来，除实施交通项目计划外，通过国开行贷款 2.28 亿元，实施了 177 个贫困村自然村组道路 394 公里、便民桥 8 座等项目，不断延伸农村公路服务里程，为全县经济社会发展和精准扶贫、精准脱贫提供强有力的交通保障。

二是改造主干道路，全面提升公路服务水平。通过开工建设 S327 线江洛至江口公路（晒经—西和）改建工程 46 公里、省道 S223 线西和至武都公路（西和汉源—昌河坝）改建工程 54 公里、西和县至晚霞湖 4A 级景区公路工程 12 公里和西和县 X520 西峪至蒿林公路（鱼磨—包家窑）县乡道改造工程 46 公里，极大地提升了沿线各乡镇及特困片区主干道的通行能力，使全县主干线公路总体水平得到了全面提升。

三是提级村组道路，确保公路安全畅通。为全面提升村组道路的通行条件，完成了“千村美丽”示范村村组道路 2 项、窄路加宽建设项目 16 公里、危桥改造 3 座、农村公路安全生命防护工程 42 公里。同时，县级自筹资金，对洛峪镇康河村至何坝镇何坝村 22 公里联网公路进行了“窄改宽”改造，有效保障了全县农村公路安全畅通。

四是硬化村内道路，努力解决“最后一公里”。县级在做好省道改造、县乡公路提级、村组道路建设的同时，超前谋划交通建设规划，通过国开行贷款，将贫困村村内道路硬化作为交通建设的一项重要指标，大力实施了全县 177 个建档立卡贫困村村内道路硬化工程，努力解决交通服务群众的“最后一公里”。

五是严格质量管理，倾心打造优质工程。切实落实农村公路建设“七公开”制度，始终把质量作为工程的“生命线”，全面推行“工程质量终身责任制”和“质量责任追究制”。同时，充实了县质监站人员，给工作人员配发了质监执法服装，配齐了检测仪器，建成了具有公路工程试验乙级资质的中心试验室，全面加强工程质量的监管，倾心打造优质工程、精品工程。

六是强化部门联动，多方推进交通发展。县级成立了交通建设领导小组，由政府主要领导担任组长，县委、人大、政府、政协相关领导担任副组长，相关单位为成员，全面指导开展交通建设工作，全县农村公路基本实现了“四化”，(即：交通部门负责对农村公路进行“硬化”；财政部门在村镇道路安装路灯进行“亮化”；乡(镇)、村两级在公路两侧栽花种草进行“美化”；林业部门栽植行道树进行“绿化”)，极大地改善了人居环境，有效推进交通建设全方位发展，积极构建大交通工作格局。

二、凝聚工作合力，进一步管好农村路

不断创新管理措施，建立层层落实、多级联动的监管体系，做到“四好农村路”管理无死角，探索形成了“固定治超、流动巡查、乡镇管理、村社劝导”的“四位一体”农村公路管理体系。

一是积极探索，不断完善管理体系。按照农村公路管理体制改革的要求，我县积极探索农村公路县、乡、村三级农村公路管理体系的建设，建立了县有路政员、乡有监管员、村有护路员的路产路权保护队伍。全县20个乡镇成立农村公路管理所，384个行政村、10个社区全部成立交通安全管理室，全县农村公路管理长效机制基本形成。

二是广泛宣传，营造全民护路氛围。为营造全民爱路护路的氛围，早日形成全县上下共同支持交通发展的环境，印制发放了500册《“四好农村路”之西和实践》丛书，分两期制作了“西和交通建设”专题片，在县有线电视台、微信、微博等平台进行宣传传播。同时，邀请省、市、县人大代表、政协委员和离退休老干部现场观摩指导交通建设，积极营造全社会理解交通、支持交通的浓厚氛围。

三是突出重点，全力开展治超行动。为有效治理超限超载违法行为，确保路产路权完整，县上成立了公路治超联席会议制度，公安、安监、交通、运政等部门联合开展治超工作。同时，给路政执法人员配齐了执法设备，依托何坝镇麦川村公路治超站，全力开展县乡公路超限超载治理专项行动，及时制止和查处违法超限运输及其他各类破坏、损坏农村公路设施等行为，确保公路安全畅通运行。

三、创新机制方法，进一步养好农村路

按照“县道县养，乡道乡养，村道村养”的原则，县级落实养护经费600万元，严格落实养护责任，探索创新养护模式，切实解决农村公路日常养护难题。

一是完善机制，逐级落实养护责任。成立了 20 个乡镇农村公路管理所，配备了副科级的专职副所长，配齐了工作人员，落实工作经费，落实“县道县养，乡道乡养，村道村养”的县乡村三级养管责任，促进全县公路日常养管工作常态化、长效化和规范化开展。进一步明确农村公路养护责任主体，层层签订了农村公路养护目标责任书，细化了县、乡、村三级养护管理职责，基本完善了农村公路养护机制。

二是创新模式，基本实现有路必养。推行“四个结合”的养护模式，即：养护站养护、道班养护、群众养护、企业养护相结合，全力加强农村公路日常养护工作。同时，实行“定路段、定标准、定报酬，包养护质量”的“三定一包”责任制，确定农村低保户、五保户、精准扶贫户和公益性岗位人员参与公路日常养护，在增加群众收入的同时，形成了固定的养护队伍，提高了养护质量。

三是全民动员，扎实开展路域环境卫生整治行动。为积极营造全县畅、绿、洁、美、安的道路交通环境，县级认真落实全省全域无垃圾现场推进会的精神，按照“部门联动、各司其职、协调推进”工作方针，制定了全县公路路域环境卫生整治行动工作方案，精心组织实施了全县公路路域环境卫生综合整治全角基本实现了县域公路沿线视野之内无垃圾、整洁美观治理目标。同时，每月 10 日、20 日、30 日定为全县农村公路保洁日，由乡镇、村社两级组织干部群众参与，开展清扫路面、疏通边沟、铲除杂草等集中养护活动，全面提升了全县公路交通综合服务水平。

四、拓宽运输网络，进一步运营好农村路

坚持“城乡统筹、以城带乡、城乡一体、客货并举、运邮结合”总体思路，不断加快完善农村公路运输服务网络，广大农民群众“出门水泥路，抬脚上客车”的梦想正加快实现。

一是统筹城乡，加快完善服务网络。实行路、点、站、运统筹谋划、一体发展，大力推进乡镇客运站、村级停靠点、物流快递园建设，依托公交枢纽站等客运站场，积极推动公交车向县城周边乡镇延伸服务。

二是因地制宜，积极推进站点建设。通过建设洛峪镇、姜席镇、西高山乡、兴隆乡 4 座乡镇客运站，进一步加快了农村客运发展步伐。

三是依托电商，加快构建物流网络。依托全县大力发展电商扶贫这一机遇，大力发展

农村物流快递产业，全力构建县、乡、村三级物流配送网络，切实提高农村公路综合使用效益和整体服务水平。

今年以来，虽然我县“四好农村路”建设取得了一些成绩，但与省市要求相比，与广大人民群众的期盼相比，还有一定的差距和不足。在今后的工作中，我县将全面贯彻落实十九大会议精神，自我加压、以干克难，以新理念引领农村公路发展、以新担当加快农村公路建设、以新举措推进农村公路管养、以新成效反哺全县扶贫攻坚，早日建成“外通内联、通村畅乡、班车到村、安全便捷”交通运输网络，确保到2020年我县与全省、全国一道迈入全面小康社会。

全省农村公路安全生命防护工程现场会

全市公路建设项目现场观摩推进会

陇南市委书记孙雪涛检查我县“四好农村路”建设情况

全市公路建设项目现场会观摩川大路建设

▲ 便捷的交通带动了当地旅游业的快速发展

▲ 市县代表观摩项目建设

管理规范的路政执法队伍

合理设置标志标线

依法保障道路安全畅通

省公路局验收安全生命防护工程

农村公路建设公示牌

安全生命防护工程
正在进行质检收方

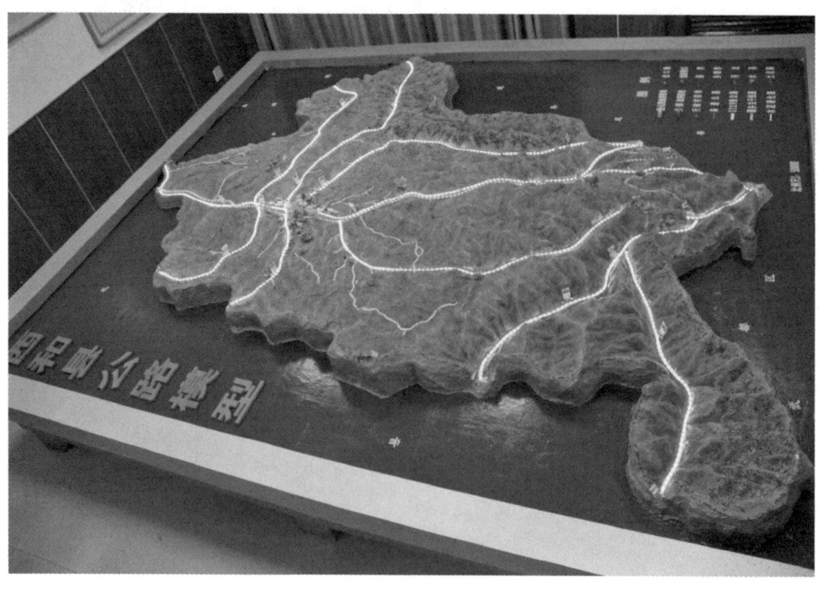

西和县公路网模型

△ 全市重点项目观摩会代表在我县观摩

▽ 农村公路候车点

△ 连心富民路

△ 改建后的隍城路实现了人车分离

新建成的西和县蒿林乡西汉水赵沟大桥

卢庄至段家公路 的建设方便了百姓生产生活

隍城路改建工程实施后实现了人车分离，方便了群众休闲旅游

蒿林乡卢庄至段家公路

农村公路“窄改宽”让老百姓心变宽

化得天险变坦途

路面工程与安防工程同步建设

大柳村安全生命防护工程一瞥

安全示警柱粉刷中

西和至马元省级安全生命防护工程一瞥

西和至马元省级安全生命防护工程

▲ 稍峪乡组织村民开展道路日常养护

◀ 稍峪乡农村公路养护所

日常养护 1

日常养护 2

日常养护 3

西和至马元公路萝卜山段

畅通便捷的农村公路带动农村经济快速发展

西和至苏合公路 带动乡村经济发展

西和县农村公路建设管理实施细则

2012 年 2 月 12 日　　　　　　西交发〔2014〕38 号

一、农村公路前期设计工作总体要求

（一）原则上县道按照不低于三级公路技术标准建设，乡道、村道按照不低于四级公路技术标准建设，地形地质受限的村道可适当放宽技术指标。

（二）《甘肃省农村公路条例》第十三条规定：二级以上农村公路和中型以上桥梁、隧道工程项目的设计，分初步设计和施工图设计两个阶段进行；其他工程项目可以直接采用施工图一阶段设计。

（三）新建大中桥应采用公路－Ⅰ级设计荷载，双车道净宽应不小于 7.0 米，单车道净宽应不小于 4.5 米。

（四）对施工图设计要确定分管局长、业务股室专门负责把关、初审、督促，经过初审并修改完善后将初审意见及施工图设计上报市局审批，确保内容齐全、方案合理、符合可研批复及相关规范要求，避免往返修改延长审批时间。

（五）乡道及以上公路、桥梁、隧道项目设计应严格执行相关规范及标准，科学合理确定设计方案，确保使用年限。

（六）通村公路通畅工程（原通达项目）施工图设计应符合以下条件：

1. 技术标准

原则上按照四级公路技术标准设计，设计速度 20 公里 / 小时，地形地质受限的项目，可采用《甘肃省农村公路村道技术标准》（甘公发〔2006〕56 号），设计速度 10 公里 / 小时。

2. 主要技术指标

（1）路基路面宽度：原通达项目路基宽度大于等于 4.5 米的路线，应保持原有路基宽度不变；路基宽度小于4.5米的路线，应按规范要求每公里设置不少于3处错车道，错车道路面结构应与主线路面结构一致；对于服务人口多、车流量大的路段路面宽度应按双车道6.0米或不小于5.0米设置，对于服务人口少、车流量小的路段路面宽度可按单车道3.5米设置；路基宽度6.5米、路面宽度3.5米的线路，水泥混凝土路面两侧应各铺筑1.0米宽15厘米天然砂砾；有条件的项目路肩培土应选用砂性土。

（2）排水设施：完善积水路段、常流水路段的涵洞设施；在大纵坡土方路段等易冲刷路段设置浆砌边沟或缓冲边沟，确保路基路面排水畅通，提高公路抗灾能力。

（3）路面结构：根据路线所处路网结构位置、车流量、通行车辆类型等因素合理确定路面结构，除地处半山以上、位于路网结构末端、单独服务一个行政村、人口少、车流量小且无15吨以上车辆通行的行政村通畅项目外，其余通村公路通畅项目必须设置路面基层；对于服务人口多、车流量大、重车多的项目，路面结构宜采用18厘米水泥混凝土面层+16厘米水泥稳定砂砾基层（或级配碎石基层）+15厘米天然砂砾垫层，面层混凝土28天抗弯拉强度应不小于4.5MPa。

（4）安全设施：在陡坡、急弯、临河、高边坡、易结冰等危险路段，完善必要的安全设施及标志牌（原则上平均每公里按1.5万元安排），并设置卵石混凝土路面等其他结构形式的减速路面。

（5）附属设施：在每个行政村（公路终点）设置一处面积不小于600平方米的停车场。

（6）预算编制：预算编制可参照《甘肃省以工代赈农村公路工程投资估算及概（预）算编制办法》(甘交发〔2010〕46号)，应套用定额准确、符合实际情况、造价经济合理。

二、农村公路招投标工作

（一）总体要求

1.招投标活动的原则：公开、公平、公正、竞争、合法。

2.招投标活动的依据：《招标投标法》《公路工程施工招标投标管理办法》《甘肃省公路建设市场管理办法》和有关农村公路实施管理办法。

3.《甘肃省公路建设市场管理办法》第五章第二十六条规定：公路建设项目除涉及国家安全、国家秘密、抢险救灾或者属于利用扶贫资金实行以工代赈等特殊情况不宜招标项目外，达到下列规模标准之一的公路建设项目必须进行招标。

（1）工程施工单项合同估算价在 200 万元人民币以上的。

（2）重要设备、材料等货物的采购，单项合同估算价在 100 万元人民币以上的。

（3）勘察、设计、监理等服务的采购，单项合同估算价在 50 万元人民币以上的。

（4）单项合同估算价低于第（一）、（二）、（三）款规定的标准，但建设项目总投资在 3000 万元人民币以上的。

4. 中型及以上桥梁、隧道、乡道及以上公路建设项目应当单独招标，其他农村公路项目可采取打捆进行施工招标。

5. 招标公示：招标结果应当在当地进行不少于 3 天，公示无有效投诉后方可发出中标通知书。

（二）招标程序

1. 招标公告：在陇南市交易中心公众资源交易网发布招标公告，招标文件的发售时间不得少于 5 个工作日；招标文件开始发售之日起至投标人递交投标文件截止时间不得少于 20 天。

2. 招标文件：应参照《公路工程标准施工招标文件》（2009 年版）编制。

3. 资格审查：项目招标可采用资格后审。

4. 投标报名：参与招投标活动的企业在报名时，应携带单位介绍信、法定代表人授权委托书、委托代理人身份证、营业执照、资质证书、安全生产许可证、拟派施工项目经理证、项目总工职称证（以上证件加盖公章的复印件留存，原件核查后退回）、陇南市各县区检察机关出具的行贿犯罪档案查询证明。

5. 监督指导：市交通运输局会同市发改委对全市农村公路建设项目招投标工作进行指导、协调、管理、监督。

6. 纪律检查：招标人应申请市县（区）纪检监察部门对招投标活动进行全过程监督检查，保证招投标工作的合法、廉洁。

7. 招标公证：开标、评标活动应邀请公证机关进行公证，出具公证书。

8. 代理机构：委托的招标代理机构必须具备相应的资质且业务能力较强。

9. 文字往来：招标代理机构、招标人、投标人之间的所有问询和答复等，应全部采用文字往来；投标人提出问题的截止时间应在递交投标文件截止之日 7 天前，招标人书面澄清的时间应在递交投标文件截止之日 5 天前；投标人收到澄清后应在 24 小时内（以发出时间为准）回函确认。

10. 开标：招投标活动应在招标公告指明的地点进行公开开标，招标人在开标前应当依照招标文件事先确定的评标办法，当众宣布评标、定标办法，启封投标文件及补充函件，确认投标文件的有效性，宣读投标人报价或投标文件的主要内容；当场启封、公布标底。

11. 评标及公示：进行封闭评标，评标期间，除招标代理单位工作人员、评标委员会、公证单位、纪检监察单位、上级主管部门和监督单位外，其余人员未经许可不得进入评标现场；对评标结果进行不少于 3 天的公示无异议后方可发出中标通知书。

12. 签订合同：招标人和中标人应当自中标通知书发出之日起 30 天内，根据招标文件和中标人的投标文件订立书面合同。

（三）有关规定

1. 评标委员会：由招标人和有关的技术、经济等方面的专家组成，成员人数为 5 人以上单数，其中随机抽取技术、经济等方面的专家不得少于成员总人数的三分之二。

2. 严格评标：评标委员会应按相关工作制度，在纪检监察单位的监督下，严格评标工作，出现以下情况按废标处理。

（1）投标文件未按招标文件要求逐页经法定代表人或者其授权代理人签字，或者未加盖投标人公章；

（2）投标文件字迹潦草、模糊，无法辨认；

（3）投标人对同一标段提交两份及以上内容不同的投标文件，未书面声明其中哪一份有效；

（4）投标人在招标文件未要求选择性报价时，对同一个标段，有两个或两个以上的报价；未在投标函上填写投标总价；投标报价的报价超出招标人公布的投标控制价范围的；

（5）投标人承诺的施工工期超过招标文件规定的期限或者对合同的重要条款有保留；

（6）投标人未按招标文件要求提交投标保证金；

（7）资格审查人员相关证件原件不全、虚假或其他资料未按要求填报的；

（8）投标文件不符合招标文件实质性要求的其他情形。

3. 投标文件：投标文件应包括下列内容。

（1）投标函及投标函附录；

（2）法定代表人身份证明或附有法定代表人身份证明的授权委托书；

（3）投标保证金；

（4）已标价工程量清单；

（5）施工组织设计；

（6）项目管理机构；

（7）资格审查资料；

（8）承诺函；

（9）投标人须知前附表规定的其他材料。

4. 人员证件：“拟委任的项目经理和项目总工资历表”应附项目经理（以及备选人）和项目总工（以及备选人）的身份证、职称资格证书、毕业证书、建造师注册证书、安全生产考核合格证书等复印件，并将原件在投标时递交；本项目投入的工程技术人员应附身份证、毕业证、职称证的复印件，并将原件在投标时递交。

5. 公司业绩：“近年完成的类似项目情况表”应附中标通知书和（或）合同协议书、工程接收证书（工程竣工验收证书）的复印件。

（四）严格兑现惩处

1. 资料核查：招标人将进一步核查投标人在投标文件中提供的材料，若在评标期间发现投标人提供了虚假资料，招标人有权对投标人的投标文件作废标处理，并没收其投标担保；若在评标结果公示期间发现作为中标候选人的投标人提供了虚假资料，招标人有权取消其中标资格并没收其投标担保；若在合同实施期间发现投标人提供了虚假资料，招标人有权从工程支付款或履约保证金中扣除不超过 10% 签约合同价的金额作为违约金。

2. 不良行为：出现下列行为投标保证金将不予退还。

（1）投标人在规定的投标有效期内撤销或修改其投标文件；

（2）中标人在收到中标通知书后，无正当理由拒签合同协议书或未按招标文件规定提交履约担保，还应当赔偿损失。

3. 证件审查：投标人提供相关人员职称等证件，必要时应按审查要求提供相关证明材料，如提供虚假证件，除按废标处理外，还将证件提交市交通工程质量监督站处理。

4. 市场监管：招标人将投标人弄虚作假行为上报省市级交通主管部门，作为不良记录纳入陇南市公路建设市场信用信息管理系统，对其他招投标行为进行限制或加入黑名单，在一定年限内不允许其进入陇南公路建设市场。

三、加强项目管理

农村公路项目建设要坚持“因地制宜、质量优先、确保进度、安全第一、注重环保”的原则，严格履行建设程序。

（一）建立健全“法人管理、社会监理、企业自检、政府监督、群众参与”的质量保证体系。

1. 法人管理：中型及以上桥梁和隧道、乡道及以上公路建设项目应当建立项目办公室，其他农村公路项目可分片建立项目办公室，明确项目、技术、质检、安全负责人，召开生产调度会，总结经验，分析和解决存在的问题，通报工程进度、质量、安全产生情况。

2. 社会监理：二级及以上、乡道及以上农村公路，中型及以上桥梁、隧道建设项目，应当通过招标选择具有相应资质的监理单位进行监理；其他农村公路项目工程监理，可通过招标方式委托社会监理机构或者聘请具备相应资格的人员进行监理。

3. 企业自检：施工单位通过委托、自建或委托县（区）农村公路试验室，建立完备的质量自检体系。

4. 质量监督：所有农村公路建设项目，纳入市县（区）交通工程质量监督站监督范围，在开工前应及时上报工程质量监督申请，进行施工中间抽检和竣（交）工验收质量检测鉴定。

5. 群众参与：通过项目公示和聘请群众代表参与农村公路建设质量监督。

（二）严把“十个关口”：机械设备关、技术指导关、材料进场关、施工工艺关、试验检测关、工程进度关、设计标准关、内业资料关、计量安全生产关。

1. 机械设备关：水泥混凝土路面施工须配备 500L 以上双卧轴强制式搅拌机（电子配料），振动梁、振捣棒、切缝机、刻纹机、发电机等，沥青路面和水泥稳定砂砾基层施工必须机拌机铺。

2. 技术指导关：各县（区）交通运输局应做好技术指导工作，通过开工前集中学习、作业现场培训、现场具体指导等措施，加强技术指导。施工单位现场应有专业技术人员指导施工、监督质量、填报资料。

3. 材料进场关：所有原材料在进场前应进行试验检测，特别是钢筋、水泥的物理性能试验；砂石材料在拟定料场后，应及时送试验室做原材料试验和配合比试验，满足要求方可运输进场。

4. 施工工艺关：严格控制好混凝土的拌和、运输、摊铺、振捣、抹光、切缝、刻纹、接缝、养生等工艺，力求线形顺畅、防滑措施到位，确保路面宽度、平整度、强度。

5. 试验检测关：标准试验应由具有公路工程试验资质的单位完成；中间抽检试验由工地试验室或县区农村公路试验室完成，并按照不小于 10% 的比例由具有公路工程试验资质的单位做平行对比试验；二级以上公路项目及施工合同金额在 1000 万元以上的项目应建立地试验室，标准试验和中型及以上桥梁、隧道，乡道及以上公路建设项目竣工验收试验检测应由具有公路工程试验检测资质的单位完成。

6. 工程进度关：因水泥混凝土路面施工受气温（混凝土路面施工如遇降雨、风力大于 6 级、现场气温高于 40℃或拌合物摊铺温度高于 35℃、摊铺现场连续 5 昼夜平均气温低于 5℃、夜间最低气温低于 -3℃，必须停工）。及降雨影响较大，应按有效的施工时间，做好翔实的实施性施工组织计划，倒排工期，将生产任务分解到每个工作日、每个工作班组。

7. 设计标准关：不得随意降低建设标准、变更施工图设计，根据实际情况，确需进行变更设计的，要参照执行《甘肃省交通运输厅公路工程变更设计管理办法》相关要求按程序进行报批。一般设计变更，即防护构造物位置调整、高度变化、数量增减、局部线形调整，及一般性的对施工图设计的完善优化，由施工单位提出申请，项目办组织施工、监理、设计单位会审后，由各县区交通运输局进行审批；省级批复可研及初步设计、施工图设计的项目，如发生较大、重大设计变更，即建设规模、技术等级、路面结构、路基路面宽度、设计荷载、桥梁方案、突破投资等变更设计，应由各县区交通运输局组织施工、监理、设计单位会审后，上报变更设计申请资料，市局审查后转报省级主管部门按相关程序进行审批后方可实施；较大、重大变更设计施工图设计应由原设计单位承担或有同级及以上等级资质的其他设计单位承担。

8. 内业资料关：内业资料要做到同步、真实、齐全、准确，杜绝补资料、虚假资料，避免错、漏现象，经得起检验，能证明工程实体质量。

9. 工程计量关：依据合同《工程量清单》，每月 22 日前，施工单位向监理工程师提交《中期支付月报表》，监理工程师对申报计量的工程项目依据《工程量清单》进行现场核查和资料的签认，于每月 25 日前将审核后的《中期支付月报表》统一报送项目办核查。所有新增和变更的项目，按照变更程序要求进行计量；对于图纸漏计、少计和不包含在相应项目单价中的内容，按设计变更程序予以增加；对工程量清单中计量后剩余的工程量（图纸多计、计算错误、未按图纸数量完成等情况产生），应逐级上报，按设计变更程序予以核减。

10. 安全生产关：要坚持“安全第一，预防为主，综合治理”和“管生产必须管安全”的原则，加强安全生产宣传教育，增强全员安全生产意识，建立健全和落实安全生产责任制。从项目经理到生产工人（包括临时雇请的民工），层层签订《安全生产责任书》，安全生产管理必须做到纵向到底、横向到边、一环不漏、人人有责。爆破、机械操作手等特种人员持证上岗，佩戴防护用具；炸药、汽油等危险物品专人管理、建立台账，远离居住区存放；落实安全保证措施，确保施工安全。

（三）落实“六项制度”：合同管理制、项目公示制、强制性指标制、资质评价制、责任追究制、项目审计制。

1. 合同管理制：建设单位应与相关参建单位，按相关要求签订施工、设计、监理、廉政、安全等合同，严格执行合同管理制度，督促施工单位签订劳务用工合同，加强人员培训和管理工作，实行农民工工资保障金制度，及时兑现农民工工资。

2. 项目公示制：项目招标结果应在陇南交通信息网及相关媒体公示；在项目建设现场设置公示牌，标示工程项目名称、规模、投资、从业单位及负责人、质检人员、举报电话和通信地址，接受社会监督；在工程建设领域项目和信息共享专栏对项目建设有关信息进行公示；项目验收后，对验收结果及时在当地公众场所及陇南交通信息网进行公示。

3. 强制性指标制：水泥混凝土面层 28 天抗弯拉强度应不小于 4.5MPa，沥青面层沥青含量应不小于 6%；水泥混凝土路面每公里断板数量不能超过 1 处；通村公路行政村所在地必须设置一处面积不小于 600 平方米的停车场。

4. 资质评价制：全市参与农村公路建设项目的设计、监理、施工、建设、勘察、试验单位，由市交通运输局负责进行资质评价，按照评价结果兑现奖罚。

5. 责任追究制：农村公路发生质量和安全事故，将取消责任单位年度评选先进资格，并依法追究相关单位或人员法律责任；

6. 项目审计制：严格按合同进行中间计量认证，完工后做工程决算、财务决算；项目竣工验收前，应委托具有资质的审计单位完成项目审计工作。

四、项目验收

（一）总体要求

1. 二级以上农村公路、大桥、特大桥、隧道建设项目工程，按公路基本建设项目进行交（竣）工验收，质量缺陷责任期为两年；其他农村公路建设项目在各县区完成交工验收后进行（竣）工验收，质量缺陷责任期为一年，乡道及以上、中型及以上桥梁保修期按招投标规定执行，原则上不少于两年。交工验收由建设单位组织，竣工验收按照项目审批权限提交市发改委或市交通运输局组织。

2. 农村公路建设项目实行质量保证金制度，质量保证金一般为施工合同总额的百分之五，在交工验收时扣留，缺陷责任期及保修期满后拨付。

3. 农村公路建设单位应当按照档案管理的有关规定建立工程档案，及时收集、整理、保存工程资料，竣工验收合格后移交县区交通运输局存档。

（二）通乡公路竣工验收应具备以下条件

1. 实体工程：

（1）交工验收后 2 年缺陷责任期满；

（2）交工验收提出的工程质量缺陷等遗留问题、缺陷责任期内出现的质量缺陷已处理完毕，并经项目法人验收合格；

（3）路基稳定，路面完好，路容整洁，边沟、涵洞排水畅通，构造物完好。

2. 内业资料：

（1）工程决算已按交通部规定的办法编制完成，并通过审计并已出具审计报告；

（2）竣工文件已按交通运输部规定的内容完成；

（3）建设、设计、施工、监理单位已分别完成项目执行情况的报告、设计情况的报告、施工情况的报告、监理情况的报告；

（4）质量监督机构已按交通运输部规定的公路工程质量鉴定办法对工程质量检测鉴定合格，并形成工程质量鉴定报告；

（5）《竣工验收鉴定书》已编制完成。

（三）通村公路竣工验收应具备以下条件

1. 项目已按计划里程、批复施工图设计批复标准及内容全面完工。

2. 施工单位自检合格。

3. 监理单位评定合格。

4. 经质量监督部门质量检测，达到合格标准。

5. 县区交通运输局已组织进行交工验收（和相关乡镇、村委会完成移交签字）。

6. 竣工文件编制完成。

7. 在项目所在地公众场所进行为期 7 天的公示，无有效投诉。

8.《竣工验收鉴定书》编制完成。

附件 B

西和县农村公路建设工程质量监督管理办法

2012 年 6 月 15 日　　　　　　　　　　　　西交发〔2012〕63 号

第一章　总　　则

第一条　为提高我县农村公路建设质量，规范质量监督工作行为，保护人民生命和财产安全，依据交通运输部《公路工程质量监督规定》《农村公路建设管理办法》《甘肃省农村公路建设工程质量监督管理暂行办法》等法律法规文件精神，结合我省农村公路建设的实际情况，制定本办法。

第二条　凡西和县范围内由各级政府和有关部门投资的农村公路建设项目，均应执行本办法。

第三条　本办法所指的农村公路工程质量监督，是指依据有关法律、法规、规章、技术标准和规范，对农村公路工程质量进行监督的行政行为。

第四条　农村公路建设应当遵循统筹规划、分级负责、因地制宜、经济实用、注重环保、确保质量的原则，实行"政府监督、法人管理、专业抽检、社会监理、施工自检"的质量保证体系，推行农村公路建设工程质量责任制和质量责任追究制度。农村公路建设项目符合法定招标条件的，应当依法进行招标。

第五条　农村公路工程建设项目应主动接受交通主管部门和其所属的工程质量监督机构依法进行的工程质量监督，任何单位和个人不得拒绝或者阻挠。本办法所称工程质量监督机构，是指西和县农村公路工程质量监督站。

第六条　西和县交通运输主管部门及其工程质量监督机构应当依据相关法律、法规、规章、强制性标准、规范及相应的技术标准等要求，遵循客观公正、注重实效的原则，在委托事项范围内实施农村公路建设工程质量监督工作，对工程质量进行检验评定和质量鉴定，并对结果负责。

第七条 县交通主管部门应当为工程质量监督机构提供必要的工作条件和经费。

第八条 对农村公路工程的质量缺陷、质量事故以及违反质量法规的行为，任何单位和个人都有权向交通行政部门、质量监督机构（组织）和其他有关部门如实报告、检举。

第二章 职 责

第九条 县交通主管部门负责本辖区内农村公路建设工程的具体质量管理与实施工作。

第十条 甘肃省交通基建工程质量监督站负责履行农村公路建设质量监督工作的业务指导职责。

第十一条 县级交通主管部门及工程质量监督机构在农村公路建设工程中的主要职责：

（一）负责履行项目监督职责，接受市级工程质量监督机构的管理；

（二）负责监督检查农村公路建设质量保证体系的建立及运转情况，制止和纠正施工现场影响工程质量的违规行为；

（三）负责对农村公路实体进行监督检查，重点抽查工程质量控制要点；定期向市（州）质量监督机构报告质量监督工作。

第十二条 农村公路建设工程质量监督工作原则：

（一）农村公路建设工程质量监督工作，应本着人员精干、程序简化、高效务实的原则。制定工作计划，目标明确、措施到位、责任到人，严格监督、热情服务，注重工作方法，保证各项规章制度的贯彻落实；

（二）质量监督工作要做到“重点突出、点面结合、不留死角”，所有农村公路建设项目都要纳入监督工作计划，并接受政府强制性监督，监督覆盖面必须达到100%；

（三）建立定期或不定期的检查制度，采取巡回检查和重点抽查相结合的方式，对影响工程质量的关键工序和施工工艺进行重点监控。

第十三条 县交通主管部门要保证工程质量监督机构业务工作的相对独立。工程质量监督机构要结合农村公路建设工程的特点，加强技术力量，合理配备专职与义务质量监督人员。乡镇人民政府交通主管部门可以聘请技术专家或群众代表参与监督工作。

第三章　监督程序及要点

第十四条　建设单位或项目法人在完成开工前各项准备工作之后，应当到县质监机构办理公路工程质量监督手续，并接受监督。规模较小的农村公路工程项目可集中统一申请办理工程质量监督手续。

第十五条　农村公路建设项目的质量监督期限自签发出质量监督通知书始，至竣工验收质量鉴定止。

第十六条　农村公路质量监督工作要点：

（一）质量监督工作应着重把好工程“开工、施工、交工”的三关，体现质量监督工作的公正性、科学性、权威性；

（二）质量监督工作重点应放在路基填筑、路面铺筑、桥涵构造物和支挡防护工程砌筑等工程实体质量方面的监督，监督检查参建各方的质量保证体系的完善和正常运转情况，检查工程实体质量；

（三）开工前准备阶段。熟悉和了解工程开工建设的准备情况，熟悉工程设计图纸和当地施工条件等，针对项目实际情况制定监督工作计划；审查建设单位、设计单位、监理单位、施工单位的质量保证体系；有监理单位的项目审核监理人员到位与合同的符合性；检查施工单位主要技术管理人员的资质和主要机械设备到位及完好情况；

（四）施工阶段。监督人员应按照工程施工进度计划，及时到施工现场巡回监督检查，重点对隐蔽工程、重点部位、主要材料、各种配合比设计、关键工序、重大施工技术方案、质量通病的处理情况进行监督检查。并对以下工作进行阶段性检查：

1. 对主要施工机械设备的性能及匹配数量、设备的配套使用情况进行检查，对拌和设备的计量装置和所生产的混合料质量进行监督抽查；

2. 对驻地监理机构的工作程序、工作内容和工作质量进行监督检查，并随时抽查监理人员的到位情况、人员资质情况和履行职责情况等；

3. 对工地试验室是否配备相应的试验设备和试验检测人员进行抽查；

4. 按质量监督工作计划对工程质量进行抽检。重点对原材料质量、混合料配合比试验过程和结果进行抽查，必要时进行抽样对比试验；对路基填筑厚度、压实度、弯沉、防排水结构断面尺寸等进行抽查；对路面面层、基层混合料质量、拌和、摊铺、碾压工艺及厚度、油石比等指标进行抽查；对桥涵构造物所使用的钢筋、水泥、砂石材料进行抽查；对混凝土拌和工艺、浇注过程及强度进行抽查。

（五）竣（交）工验收阶段。工程具备竣（交）工条件后，建设单位应当向市（州）交通工程质监机构提出交工检测申请和竣工鉴定申请。公路工程交工验收前，质监机构应当按照有关规定对工程质量进行检测并出具检测意见。公路工程竣工验收前，质监机构对工程质量进行质量鉴定并出具质量鉴定报告。未经质量鉴定或质量鉴定不合格的项目，不得组织竣工验收。

（六）农村公路建设项目实行社会公示，所有农村公路建设项目应在工地现场设置公示牌，标示工程项目名称、规模、投资额、从业单位及负责人、质量监督人员及举报电话和通讯地址。有关部门对质量举报应及时调查处理。

第十七条 农村公路工程监理可以由县级人民政府交通主管部门通过招标方式确定，或委托社会监理机构监理。农村公路工程监理工作应当注重技术服务和指导，配备必要的检测设备和检测人员，加强现场质量抽检，确保质量，避免返工。

第十八条 建设单位必须建立中心试验室或委托具有公路工程相应资质的试验检测单位承担工程试验检测工作。

第十九条 农村公路建设工程必须进行工程质量检测，检测工作应按照规定的频率由具有交通检测资质的检测单位进行。

第二十条 质量监督人员应恪尽职守、秉公办事、清正廉洁。与被监督对象有利害关系的监督人员，应当回避。

第四章 奖 惩

第二十一条 交通主管部门应加强对质监机构的监督管理。质监机构应当加强对质监人员的监督管理。交通主管部门对有突出贡献、表现优秀的建设、设计、施工、监理、监督以及检测单位和相关人员，应给予适当的表彰、奖励。

第二十二条 县工程质量监督机构及其人员应认真履行农村公路建设质量监督职责，对质量监督不作为或玩忽职守、造成质量事故的人员，按国家有关规定追究相应人员的责任，视情况给予通报批评、行政警告，问题严重的追究其相关责任人的法律责任。

第五章　附　　则

第二十三条　本办法自发布之日起施行。

西和县公路工程建设项目施工安全管理办法（试行）

2014 年 4 月 16 日　　　　西交发〔2014〕52 号

第一章　总　　则

第一条　根据《中华人民共和国安全生产法》和《甘肃省安全生产条例》有关法律、行政法规，结合我县实际，制定本办法。

第二条　我县从事公路工程建设的单位和个人（以下统称生产经营单位）的安全生产，适用本办法。有关法律、行政法规对安全生产另有规定的从其规定。

第三条　安全生产工作应当坚持以人为本，落实科学发展观，贯彻安全第一、预防为主、综合治理的方针，建立健全安全生产责任制。

第四条　施工单位是安全生产的责任主体，施工单位的主要负责人对本单位的安全生产工作全面负责。

第五条　公路工程项目建设从业人员有依法获得安全生产保障的权利，并应当依法履行安全生产的义务。

第六条　施工单位依法组织职工参加本单位安全生产工作的民主管理和民主监督，依法参与事故调查，维护职工在安全生产方面的合法权益。

第七条　乡镇人民政府应当加强对本辖区内安全生产工作的领导，研究解决安全生产工作的重大问题。

乡镇人民政府及有关部门的负责人是本行政区域或者本部门安全生产工作的责任人。

第八条　县交通运输局安全生产监督管理部门，对本县行政区域内安全生产工作实施综合监督管理，指导、协调和监督其他负有安全生产监督管理职责的部门依法履行安全生产监督管理职责。

县交通运输局运输与安全管理股、规划股、设计队、局农建办、县农村公路工程质量监督站等相关股室依法在各自职责范围内对有关的安全生产工作实施监督管理。

第九条 县交通运输局及负有安全生产监督管理职责的有关部门和各参建单位应当采取多种形式，加强对有关安全生产的法律、法规和安全生产知识的学习宣传，增强安全生产的责任意识和管理能力。

第十条 任何单位或者个人有权对生产安全事故、安全生产违法行为和事故隐患向负有安全生产监督管理职责的部门进行举报。

微信公众号、官方微博等新媒体应当加强安全生产公益性宣传教育，积极报道安全生产工作先进典型，并依法对安全生产违法行为进行舆论监督。

第二章 生产经营单位的安全生产保障

第十一条 生产经营单位应当具备《中华人民共和国安全生产法》和《甘肃省安全生产条例》等有关法律、行政法规和国家标准、行业标准规定的安全生产条件。公路工程施工单位应当按照《安全生产许可证条例》规定，取得安全生产许可证。

生产经营单位不具备安全生产条件或者未按规定取得安全生产许可证的，不得从事生产经营活动。

第十二条 生产经营单位应当建立健全安全生产责任制，明确各岗位的责任人员、责任内容和考核要求，形成涵盖全体从业人员和全部生产经营活动的责任体系。

第十三条 公路工程建设从业单位应当具备安全生产条件所必需的资金投入，由生产经营单位的决策机构、主要负责人或者个人经营的投资人予以保证，并对由于安全生产所需的资金投入不足导致的后果承担责任。

第十四条 公路工程施工单位及法律规定的其他危险物品生产经营单位应当按照有关规定提取安全费用，专款专用。安全费用主要用于下列事项：(一)安全设备、设施的配备、更新和维护；(二)安全生产宣传教育和培训；(三)劳动防护用品的配备；(四)危险源、事故隐患的评价、评估、监控、治理；(五)应急救援设备、器材的配备、维护及应急救援演练。

第十五条 各参建单位主要负责人和安全生产管理人员，应当按照有关规定参加安全生产培训。施工单位主要负责人和安全生产管理人员，应当经省安全生产监督管理部门考核合格，取得安全资格证书。

第十六条 特种作业人员应当按照国家有关规定经专门的安全作业培训，由省安全生产监督管理部门考核合格，取得《中华人民共和国特种作业操作证》，方可上岗。

第十七条 生产经营单位应当加强对从业人员的安全教育和培训，增强从业人员的安全生产意识和自我防范能力。

第十八条 新建、改建、扩建工程的安全设施，应当与主体工程同时设计、同时施工、同时投入生产和使用。

建设工程安全设施设计审查和竣工验收应当由安全生产监督管理部门组织有关部门和专家实施。

第十九条 生产经营单位应当对本单位重大危险源排查登记建档，定期检测监控，对事故隐患进行治理排除。

第二十条 生产经营单位应当制定应急救援预案。根据生产经营规模和安全生产应急救援需要，建立应急救援组织，配备必要的装备、器材，并定期进行演练，对装备、器材加强维护、保养和检测。

第二十一条 生产经营单位应当加强对职业危害的防治工作，对作业场所的有毒物质、粉尘、噪声、振动、高温、辐射以及其他职业危害实行分类管理，采取防护措施，进行定期检测。不符合劳动条件的，必须及时治理。

第二十二条 生产经营单位的从业人员依法享有危险因素和应急措施的知情权、安全管理的检举控告权、拒绝违章指挥和强令冒险作业权、紧急情况下的停止作业和撤离权，工伤保险和伤亡赔偿权。生产经营单位不得对从业人员行使上述权利进行处罚。

第二十三条 生产经营单位应当依法参加工伤社会保险，按期缴纳保险费，并按规定对工作中有职业危害的人员定期进行健康检查，确诊患有职业病的，应当按照有关规定予以治疗和妥善安置。

第三章 安全生产的监督管理

第二十四条 各级人民政府对本行政区域内的安全生产工作履行下列职责：

（一）加强对安全生产工作的领导，负责安全生产法律法规、规章在本行政区域的贯彻实施。将安全生产基础设施建设和支撑体系建设纳入国民经济和社会发展规划，应当由政府投资的，财政予以保障，确保安全生产与经济建设协调发展；

（二）建立健全安全生产监督管理体系，完善监督管理机构，加强基层安全生产监督管理队伍建设；

（三）建立健全安全生产责任制和安全生产指标控制体系，逐级签订责任书，实行安全生产目标管理；对所属有关部门和下一级人民政府的安全生产工作进行综合考核；

（四）组织制定本行政区域内的生产安全事故应急救援预案，建立健全应急救援体系，组织生产安全事故的应急救援；

（五）法律、法规规定的其他职责。

第二十五条 各级人民政府应当严格执行《中华人民共和国安全生产法》和《甘肃省安全生产条例》等有关法律、行政法规和国家标准、行业标准规定，做好公路工程施工安全生产工作，预防生产安全事故的发生。

第二十六条 安全生产监督管理部门和其他有关部门应当依法严格对涉及安全生产需要审查批准或者验收的事项进行审查批准；依法对生产经营单位的安全生产状况进行监督检查，对检查中发现的事故隐患及问题，应当责令整改。安全生产监督管理部门发现其他有关管理部门未依法履行安全生产监督管理职责的，应当督促其及时改进，并按有关规定提出处理意见。

第二十七条 各级安全生产监督管理部门依法对生产经营单位作业场所职业卫生状况、劳动防护用品、安全费用的提取使用情况实施监督，及时查处生产安全事故，定期公布安全生产情况及生产安全事故情况。

第二十八条 有关部门在审批新建、改建、扩建生产性建设项目（工程）可行性研究报告或者核准项目时，应当征求安全生产监督管理部门的意见。

第二十九条 局纪检监察室依法对安全生产监督管理部门和有关部门及其工作人员履行安全生产监督管理职责情况进行监察。

第三十条 建立企业安全生产风险抵押金制度。依法对矿山、道路交通运输、建筑施工、危险物品等领域从事生产经营活动的企业，收取安全生产风险抵押金，用于该企业经营期间发生生产安全事故时抢险救灾和善后处理。安全生产风险抵押金的收取和管理，按国家和省人民政府的有关规定执行。

第三十一条 从事安全评价、认证、检测、检验、监理等业务的中介机构，应当具备国家规定的资质条件，并对其做出的安全评价、认证、检测、检验、监理结果承担法律责任。

进入本省开展相关业务的省外安全生产中介机构，应当向省安全生产监督管理部门备案，接受监督管理。

安全生产中介机构应当按照国家和本省规定的项目和标准收费。

第四章　事故报告和调查处理

第三十二条　生产经营单位发生生产安全事故后，应当迅速采取有效措施组织抢救，防止事故扩大，减少人员伤亡的和财产损失，并保护事故现场，保存有关证据，不得伪造、破坏事故现场以及毁灭有关证据。

第三十三条　生产经营单位发生重伤、死亡或者急性中毒事故，必须立即报告其主管部门及当地安全生产监督管理、公安、监察等部门。急性中毒事故，应当同时报告当地卫生部门。有关部门接到事故报告后应当立即报告同级人民政府，并同时按系统逐级上报，不得隐瞒、谎报或者拖延不报。

第三十四条　下列安全事故的调查处理实行分级负责：(一)重伤事故，由生产经营单位的主管部门或者县级人民政府组织调查处理；(二)一般死亡事故，由省辖市、自治州人民政府组织调查处理；(三)重大和特大死亡事故，由省人民政府组织调查处理；(四)特别重大事故，按照国务院规定组织调查处理。

上级人民政府可以派员参加或者直接调查处理应当由下级人民政府组织调查处理的安全事故。

第三十五条　本条例第三十四条第(二)项规定的安全事故，由县人民政府组织安全生产监督管理、公安、监察等部门和工会进行调查处理。调查报告由本级人民政府或者委托同级安全生产监督管理部门批复。

本条例第三十四条第(三)项规定的安全事故，由省人民政府组织有关部门和工会进行调查，并作出责任追究决定。

前两款的事故调查应当邀请人民检察院派员参加。

第三十六条　在查明事故情况后，各调查成员单位按照各自职责和权限分别对事故单位责任人提出处理意见；如果对事故分析和责任者的处理不能达成一致意见时，由安全生产监督管理部门提出结论性意见；如果仍有不同意见，报本级人民政府或者上级安全生产监督管理部门裁决。

第三十七条 上级人民政府及其安全生产监督管理部门有权对下级人民政府及其安全生产监督管理部门结案的事故进行复查，并提出结论性意见。

第三十八条 事故调查组应当在事故发生之日起 60 日内完成事故调查工作，提交事故调查报告。事故批复单位应当在接到事故调查报告后 30 日内批复结案，特殊情况下，经上级安全生产监督管理部门批准后可适当延长，但不得超过 180 日。事故调查报告批复后，有关的人民政府及其部门和生产经营单位应当在 30 日内对事故责任人员做出处理决定。事故处理结果应当向社会公布。

第三十九条 负有安全生产监督管理职责的其他有关部门应当定期向同级安全生产监督管理部门报送伤亡事故统计报表。

第五章　法律责任

第四十条 违反本条例规定的违法行为，安全生产法及其他法律、法规已有处罚规定的，依照其规定执行。

第四十一条 各级人民政府及其有关部门，有下列情形之一的，视情节和责任轻重，对主要负责人、分管负责人、直接负责的主管人员和直接责任人依法给予行政处分；构成犯罪的，依法追究刑事责任；(一) 对不符合法定条件的生产经营单位予以批准、许可、颁发证照、验收通过的；(二) 对应当依法制止和处理的安全生产违法行为未予制止和处理的；(三) 对发现可能导致重大、特大事故的隐患未履行监督管理职责的；(四) 发生生产安全事故，未按照规定组织救援或者玩忽职守致使人员伤亡或者财产损失扩大的；(五) 对生产安全事故隐瞒不报、谎报、拖延报告的；(六) 阻挠、干涉事故调查处理或者责任追究的。

第四十二条 生产经营单位有下列行为之一的，责令限期改正；逾期未改正的，责令停产停业整顿，并处 1 万元以上 5 万元以下罚款：(一) 安全生产设施未与主体工程同时设计、同时施工、同时投入生产和使用的；(二) 未对作业场所职业危害采取防护措施、定期检测或者分类管理的。

第四十三条 生产经营单位未对可能导致重大、特大事故的隐患采取措施进行整改的，责令限期改正；逾期未改正的，责令停产停业整顿；导致发生生产安全事故的，对生产经营单位的主要负责人给予行政处分或者处以 2 万元以上 20 万元以下的罚款。构成犯罪的，依法追究刑事责任。

第四十四条 安全生产中介机构未取得相关的资质或者超越资质许可范围从事安全生产中介服务的，责令停止中介活动，没收违法所得，并处 2 万元以上 10 万元以下的罚款，对其主要负责人处以 5000 元以上 5 万元以下的罚款。

第四十五条 本条例规定的行政处罚，由安全生产监督管理部门决定；对事故责任者的行政处分，交由监察、人事等部门和有关单位，按照有关人事管理权限和处理程序决定，并将处理结果通报安全生产监督管理部门。

第六章 附 则

第四十六条 本办法自发布即日起施行。

附件 D

西和县聘任农村公路义务质量监督员实施方案

2015 年 4 月 18 日　　　　　　　　　　西交发〔2015〕46 号

为进一步加强农村公路建设质量监督管理，健全完善“政府监督，专业抽检，群众参与，施工自检”的质量保证体系，积极创新适合我县农村公路建设质量监督管理的模式，加大社会各界对农村公路建设的监督力度，决定在我县农村公路建设区域内聘请农村公路义务质量监督员。具体实施方案如下：

一、义务质量监督员的条件

（一）热爱祖国，热爱社会主义，思想觉悟高，品德好，责任心强。

（二）具有高中以上文化程度，关注并支持农村公路建设。

（三）敢于坚持原则，实事求是，勤政廉洁。

（四）身体健康，年龄在 35～55 岁，能胜任农村公路质量监督工作。

（五）非交通系统县人大代表、政协委员或新闻媒体工作人员，具有一定土木工程或相近专业施工、管理经验者优先。

二、义务质量监督员的权利和义务

（一）权利

1. 有权进入本辖区内农村公路建设项目施工现场，查阅设计文件和有关质量监管方面的相关资料，对工程用材料、路基宽度、路面厚度、面层油石比、配合比等强制性指标有知情权，可监督施工现场安全标志的设置及项目公示情况。

2. 根据工作需要可以向县交通局了解农村公路质量监督工作的有关规定，咨询农村公路工程质量管理方面的专业知识。

3. 有权获得农村公路建设质量监督管理方面的专业培训。

4. 有权对施工方案、施工工艺、施工工序以及其他技术质量方面的问题提出质疑，有关方面应及时给予答复。

（二）义务

1. 积极开展农村公路建设的宣传工作，收集并反映人民群众对农村公路建设质量方面的建议、意见和要求。

2. 在县交通局的指导下，依据农村公路建设质量监督管理的有关规定，开展本辖区内农村公路建设质量的监督工作，对日常检查发现的问题，及时向县交通局反馈。

3. 参加配合市、县两级质监机构组织的农村公路质量督查工作，提供质量督查过程中的相关信息。

三、义务质量监督员的聘请、聘期和解聘

（一）聘请程序：采取由项目实施区域内的乡村两级政府就近推荐或个人推荐和社会公开招聘等形式。凡符合条件者需填写义务质量监督员申请书，由县交通局审核同意后，统一组织培训，颁发聘书。

（二）聘期：按项目合同工期确定。

（三）解聘：聘请的义务质量监督员有下列情形之一的，予以解聘并收回义务质量监督员聘书：

1. 因违法犯罪行为受到治安拘留及以上处罚的；

2. 在聘任期间，不能认真履行义务的；

3. 本人提出不再继续担任监督员工作的；

4. 其他原因不再适合担任义务质量监督员的。

四、工作方式

（一）本人根据实际工作需要或群众举报到施工现场检查，每周不少于 4 个工作日。

（二）参加市交通质监站到该项目区域的质量检查工作。

（三）参加县交通局对项目的监督检查工作。

五、义务质量监督员的奖励

义务质量监督员在聘任期间，由县交通局对聘任的义务质量监督员的工作实效进行考核，根据工作实绩评选优秀义务质量监督员并给予一定的奖励。

附件 E

西和县农村公路管理养护办法

2016 年 3 月 18 日　　　　　　　　　　西交发〔2016〕37 号

第一章　总　　则

第一条　为加强农村公路管理养护，保障农村公路安全畅通，促进社会主义新农村建设和经济社会发展，根据《中华人民共和国公路法》《国务院办公厅关于农村公路管理养护体制改革实施方案》《甘肃省公路管理养护条例》及相关规定，结合我县实际，制定本办法。

第二条　在本县行政区域内的农村公路管理养护适用本办法。

本办法所称农村公路是指经县级人民政府批准，按照国家规定的工程技术标准修建，经县级以上交通管理部门验收并纳入统计里程的县道、乡道和村道。

农村公路附属设施包括交通安全设施、公路标志、路面标线、养护房屋、客运站点棚、站点牌和停车港湾等，纳入农村公路养护管理体制一同管理。

农村公路路线和里程以市、县交通行政管理部门确定的为准。

第三条　农村公路养护管理实行政府领导、行业管理、分级养护、保障投入、确保畅通的原则，即“县道县养、乡道乡养、村道村养”。

第四条　县交通行政主管部门具体负责县道日常管理养护并对全县的乡道、村道管理养护工作实施监督指导。

乡（镇）人民政府是乡村道路管理养护工作的责任主体，其成立的农村公路管理站应配备 3～5 名工作人员，具体负责实施本辖区乡道、村道的日常管理养护工作。乡（镇）人民政府根据辖区农村公路管理养护里程的数量需要，可设置村级农村公路管理养护队（协会），具体负责本区域内村道的管理养护工作。

各站应配齐必要的交通、通信工具，建立健全管理养护责任制，落实日常养护人员，筹集、管理、使用好乡道养护资金。组织协调指导辖区内村道的养护管理工作。

村（居）民委员会以“一事一议”的方式负责本行政区域内村道的日常养护与管理。指定一名两委成员具体负责，落实村道日常养护人员，筹措、管理、使用好村道养护资金。村道养路员的选拔可根据具体村（居）的实际情况适当增减。

乡道、村道养路员的选拔由乡镇人民政府负责，并向县交通农村公路管理养护机构备案，配备统一的服装、标志及养护工具，持证上岗。

第五条 农村公路、公路用地、公路设施受国家法律保护，任何单位和个人不得破坏、损坏或者非法占用，不得干涉正常的养护施工作业和路政管理。任何单位和个人都有权检举和控告破坏农村公路、公路用地、公路设施和影响农村公路安全的行为。

第二章 管理职责

第六条 县交通行政主管部门农村公路管理养护机构的主要职责是：贯彻执行国家和地方有关法律、法规、规章及规定，组织实施农村公路建设规划，建立农村公路养护数据库，编制上报农村公路养护建议性计划并按照上级批准的计划组织实施；筹集和管理农村公路养护资金，对农村公路养护质量进行检查验收；具体负责县道的日常管理养护及设施的保护工作，监督、指导乡（镇）人民政府做好乡、村道路的日常管理养护及其设施的保护工作。

县交通局派出的各乡镇交通管理所，负责本辖区县道的管理养护，并对乡村公路的管理养护工作实施监督指导。

各乡（镇）人民政府农村公路管理站的工作职责是：执行上级农村公路管理养护的有关规定，接受上级业务部门的指导、监督、检查；协助县农村公路管理机构及各乡镇交通管理所，做好县道的修建和管理养护工作；主要负责乡、村公路的修建及其管理养护；编制辖区乡道、村道建设管理规划，建立农村公路管理数据库，筹措乡道、村道的养护资金；编报、下达辖区农村公路养护建议、计划；负责组织各行政村农村公路管理养护队（协会），实施本辖区乡道、村道的修建和日常管理养护工作；建立和健全农村公路管理养护责任制，落实日常养护人员，并做好上级补助项目的实施。

村（居）民委员会农村公路管理养护队（协会）的主要职责是：接受上级公路管理养护机构的业务指导，组织村民实施本辖区村道的日常管理养护工作，落实日常养护人员，并协助做好县道、乡道的管理养护工作。

第七条 农村公路在县城规划区的路段，由县建设局、经济开发区等有关权属单位负责公路管理养护。

县道穿越乡（镇）、村设立的商业街（道）路段，由乡（镇）人民政府管理，县农村公路管理机构监督指导其工作。

第八条 县公安交警大队及乡镇中队主要负责治理农村公路打场晒粮、超载超限运输等违法行为，整治农村公路交通环境，确保农村公路的道路交通安全；县工商局及乡镇工商所主要负责治理公路上集市贸易、摆摊设点等违法行为，维护市场秩序。

县国土资源、城管行政执法、水利、林业、农业等有关部门根据各自职责，配合各级农村公路管理部门做好管理养护工作。

第三章 养护资金筹措与管理

第九条 农村公路管理养护资金的筹集与管理遵循多方筹措、分级管理、专款专用的原则，任何单位、个人不得挤占、挪用。

农村公路养护资金的主要来源：

（一）县级财政收入的3%用于农村公路管理养护专项资金；

（二）乡（镇）及村筹集的农村公路养护资金；

（三）公路受益企业和个人等社会捐助或投入的资金，或通过转让农村公路（桥梁）冠名权、路域资源开发权、绿化权、承包等市场化运作方式筹集的农村公路养护资金；

（四）村民以“一事一议”的方式筹集的资金；

（五）法律、法规允许范围内的其他方式的筹资。

第十条 鼓励在公路两侧的单位和中小型厂矿企业主及个人捐资养护公路。

第十一条 农村公路养护资金的使用：

（一）县交通行政管理部门统筹安排上级及通过其他途径筹集的农村公路养护资金，主要用于县道的大中修养护工程和日常管理养护，以及对乡道、村道大中修养护工程和日常管理养护的补助。

（二）乡（镇）、村（居）筹措的农村公路养护资金主要用于乡道、村道的日常管理养护和大中修养护工程。具体使用由乡（镇）人民政府研究制定方案，县交通行政管理部门监督实施。

（三）公路遇到大的自然灾害时，县财政专项列支用于农村公路受灾工程抢修的资金，由县交通行政管理部门编制使用计划，财政部门审核后按计划拨款。

第十二条 农村公路养护资金重点保障重要农村公路的养护，按小修保养、公路构造物养护、中修工程、受灾工程修复、大修工程的顺序安排资金。

第十三条 制定农村公路养护资金监督管理办法，由财政、审计、交通等部门负责对资金的使用情况进行监督检查。县交通行政管理部门每年年初向县人民政府及市交通行政管理部门报告上年度公路养护资金使用情况。

第四章 养护管理

第十四条 县、乡（镇）人民政府应积极培育统一开放、竞争有序的农村公路养护市场，推进农村公路养护市场化。逐步建立管养分开、事企分离、权责明确、监管有力的管理养护机制。

农村公路养护工程要逐步推行招标投标制度、工程监理制度和合同管理等制度。

第十五条 严格按照国家有关技术规范和操作规程对农村公路进行管理和养护，保障农村公路处于良好的技术状态。

第十六条 养护人员进行公路养护作业时，应当穿着统一的安全标志服。

公路养护车辆进行作业时，在不影响过往车辆通行的前提下，其行驶路线和方向不受公路标志、标线限制。

公路养护工程施工影响车辆和行人通行时，应当设立施工标志或绕行标志，过往车辆对公路养护车辆和养护人员应减速避让。

第十七条 农村公路养护用地、砂石料场以及养护需要的挖砂、采石、取土、取水，应由县、乡（镇）人民政府统筹解决，保证养护需要。

第十八条 农村公路的绿化由县交通行政管理部门统筹规划，县道绿化工程由县林业行政管理部门报市交通行政管理部门审查后组织实施；乡道绿化工程由乡（镇）农村公路管理站报县交通行政管理部门审查后组织实施；村道由所在村（居）组织实施。

农村公路用地范围内的树木不得擅自砍伐。确需更新砍伐的，应当按照《公路法》和其他有关法律、法规的规定办理审批手续，及时恢复好路肩边坡，按期完成更新补种任务。

第十九条 因自然灾害造成县道交通受阻，县交通行政管理部门应及时组织抢修；造成乡道、村道交通中断的，乡（镇）人民政府应及时组织抢修。一时难以修复的工程应设置警示标志，修建临时便道，并及时将灾情上报上级交通行政管理部门。

第二十条 县交通行政管理部门负责下达乡道、村道养护主要技术指标。

第二十一条 农村公路的养护管理应当坚持常年养护、季节性养护、临时性养护并重的原则，实行专业养护与群众养护相结合的办法，重点抓好春季路况恢复、夏季水毁预防和抢修、秋季全面整修、冬季除雪防滑的养护管理，及时处理路面坑槽等不良路况。根据农村公路里程的长短和工作量配备养路员，原则上每名养路员养护里程为 3 公里。

第二十二条 农村公路养护质量的总体要求：保持路面整洁，横坡适度，行车舒适；路肩整洁，边坡稳定，排水畅通；桥涵、构造物完好；沿线设施完善；绿化协调美观。

第二十三条 公路养护质量分为优、良、次、差四个等级。以优、良里程占实际评定养护里程的百分比即"好路率"作为评定养护质量的主要指标。评定标准按交通运输部《公路养护质量检查评定标准》执行。

第二十四条 农村公路应按标准设置交通安全设施，并做到及时维护、更新。

第五章 路政管理

第二十五条 县交通行政主管部门具体实施农村公路路政管理，按照"谁管护，谁巡查"的原则，各乡镇农村公路管理站按照职责分工，分别组织进行日常性的公路巡查，做好农村公路保护的有关工作。各养护管理部门之间应互通信息，建立起县、乡、村联动机制。

村道的路政日常管理由所在村（居）负责。发生路政事案应及时上报县、乡（镇）农村公路管理养护部门依法处理。

第二十六条 路政管理的职责是：

（一）宣传、贯彻实施有关公路路政管理的法律、法规和规章；

（二）维护公路、桥涵养护、施工作业的正常秩序；

（三）实施公路路政巡查，依法制止乱堆乱放等行为；

（四）管理和保护公路路产，维护路权，对违反公路路政管理的行为予以制止，并依法进行处罚；

（五）依法控制公路两侧建筑红线，取缔违章建筑设施；

（六）负责对超过公路、公路桥梁限载、限高、限长、限宽标准（以下简称超限）和超过载重质量的运输车辆及公路状况进行监督检查；

（七）行使法律、法规、规章规定的其他职权。

第二十七条 在农村公路两侧边沟、边坡以外各不少于 1 米宽的土地为公路用地，任何单位和个人不得侵占。

在农村公路两侧修建永久性和临时性工程设施，其建筑物边缘与公路边沟外缘的间距，县道不少于 10 米，乡道不少于 5 米，村道不少于 3 米。严禁在现有和正在修建的公路两侧建筑红线控制范围内修建永久性建筑物或者工程设施。

第二十八条 在农村公路及公路用地范围内，禁止下列行为：

（一）设置棚屋、摊点、维修、洗车、加水、加油场点和线杆、变压器、广告牌、招商牌、标牌及其他非公路设施；

（二）擅自进行集市贸易，举办物资交流会等商业性活动；

（三）挖掘公路路基、路面、边坡、采矿、取土、挖砂；

（四）擅自砍伐公路行道树；

（五）填埋、堵塞、损坏公路排水系统及利用该设施排放污水、筑坝蓄水、设置闸门；

（六）堆积、抛洒、焚烧污物等危及公路安全的行为；

（七）在公路及公路用地范围内放牧；

（八）盗窃、迁移、破坏、损坏、涂改公路标志、标线及测桩、界桩、护栏、站点棚、站点牌、停车港湾、花草树木等公路附属设施；

（九）铺设妨碍公路安全畅通的空中或者地下管线；

（十）其他侵占、破坏、损坏、污染公路路产的行为。

第二十九条 县公安交警部门在处理交通事故时，对涉及损坏农村公路路产的，应及时通报县交通行政管理部门按有关规定作出赔偿等处理。交通行政管理部门应配合公安交警部门查处在公路上打场晒粮、摆摊设点等妨碍公路安全畅通的行为。

第三十条 在农村公路两侧开发和建设时，不得填埋公路路基、边坡和公路排水系统，并应设立独立的排水设施，保证排水畅通。

第三十一条 有下列违法行为之一的，由交通行政管理部门责令停止违法行为，并依照《公路法》有关规定予以处罚：

（一）超限车辆擅自在农村公路上行驶的；

（二）铁轮车、履带车及其他可能损害农村公路路面的机具擅自在农村公路上行驶的；

（三）在公路桥梁上下游200米内挖沙、取土的；

（四）在公路上擅自增设平交道口的；

（五）在公路建筑控制区内修建建筑物、地面构筑物或者擅自埋设管线、电缆等设施的；

（六）摆摊设点、设置集贸市场及各类经营场所的；

（七）堆放物料、从事建筑作业活动及设置其他障碍物的；

（八）填埋、堵塞、损坏公路排水系统或者利用公路桥涵、排水沟等排放污水、废渣的；

（九）挖沟引水、漫路灌溉的；

（十）焚烧秸秆、堆粪沤肥、倾倒垃圾及撒漏污物的；

（十一）在公路及公路用地范围内放牧，造成公路绿化损坏的；

（十二）其他损坏、污染农村公路的行为。

第三十二条 侵占、挪用、截留农村公路管理养护资金的，由有关部门予以追回。构成犯罪的，依法追究当事人刑事责任。

第三十三条 有下列行为之一的，由乡（镇）人民政府协调解决；违反《治安管理处罚法》的，由公安机关予以处罚；情节严重，构成犯罪的，由司法机关追究刑事责任：

（一）阻碍农村公路正常养护作业的；

（二）阻碍在公路用地范围内取土养护公路的；

（三）阻碍在划定砂石料场备料作业的；

（四）侮辱、打骂养护作业人员的。

第六章　养护计划

根据《陇南市公路养护管理办法》，县、乡道油路全年养护经费不低于4500元/公里，县乡道砂砾路不低于2500元/公里，村道不低于700元/公里的标准编制农村公路养护计划，每年12月底报政府审定纳入年财政预算并支出。

第七章　考核与奖励

第三十四条　县交通行政管理部门加强检查督促各乡镇农村公路养护措施的落实，每季度组织有关人员对农村公路养护工作进行一次检查验收并按照规范要求整理养护资料，建立考核机制，督促各乡镇落实好每年的管理养护任务。各乡镇每季度按交通运输部《公路养护质量检查评定标准》查评路况，并将查评结果报县交通行政管理部门。

第三十五条　在农村公路管理路政养护工作中成绩突出的单位和个人，由县、乡（镇）人民政府给予表彰和奖励。

第三十六条　未完成农村公路养护计划，造成农村公路失养损坏的，由县人民政府追究直接责任人和主管领导的行政责任。

第三十七条　拒不履行筹资责任，挪用、侵占养护资金的，由县人民政府责令限期改正，并追究直接责任人和主管领导的行政责任；构成犯罪的，移交司法机关处理。

第三十八条　公路路政管理人员玩忽职守、滥用职权、徇私舞弊的，由其所在单位或上级主管部门给予行政处分。触犯刑律的，由司法机关依法追究刑事责任。

第八章　附　　则

第三十九条　各乡（镇）人民政府根据本办法制定实施细则。

第四十条　本办法由县交通行政主管部门负责解释。

第四十一条　本办法自颁布之日起执行。

西和县桥梁养护工程师制度

2014年5月10日　　　　　　　　　　　　　西交发〔2014〕42号

为适应我县农村公路桥梁养护发展需要，规范和加强公路桥梁养护管理工作，进一步提高公路桥梁养护水平和公共服务能力，为加强和规范我县公路桥梁养护管理工作，保证公路畅通和桥梁运行安全，根据《中华人民共和国公路法》《公路桥梁养护管理工作制度》《公路桥涵养护规范》等法律、法规，制定桥梁养护工程师制度。

第一条　本制度适用于西和县农村公路管理养护站的桥梁养护管理工作。

第二条　桥梁养护管理应贯彻“预防为主。安全至上”的工作方针，努力提高桥梁结构的耐久性和安全性。

第三条　各道班应高度重视桥梁养护管理工作，严格执行桥梁养护管理的各项工作制度，采取科学有效的管理手段和技术措施，对所辖的公路桥梁及时组织实施检查、检测和养护维修，确保公路畅通和桥梁安全。

第四条　桥梁养护管理的技术工作必须实行桥梁养护工程师制度。桥梁养护工程师和有关技术人员应按照《公路桥涵养护规范》的要求和规定，及时、全面掌握桥梁技术状况，保障桥梁安全运行。

第五条　公路桥梁管养单位的桥梁养护工程师必须履行以下职责：

（一）负责组织桥梁的经常检查与评定与定期检查与评定。并根据检查结果编制并上报养护维修建议计划，提出需进行特殊检查的桥梁的申请报告，以及桥梁维修、改建方案和对策措施。

（二）负责组织桥梁的小修保养和抗灾抢险工作，考核桥梁养护质量，并及时上报所辖区域的桥梁受自然灾害和其他因素损坏的情况；组织实施经批准重载车辆通过的有关技术工作。

（三）负责监督、组织桥梁养护大、中修和改建工程；组织并参与桥梁大、中修和改建工程的施工期间的检查和交（竣）工验收工作。

（四）负责桥梁技术档案的补充、完善和保存工作，定期对桥梁技术状况进行综合评价与分析；负责桥梁管理系统的数据更新、系统维护、系统运行以及桥梁养护报告编写等工作。

（五）负责对下级单位桥梁养护工程师的技术业务培训、考核工作。

第六条 农村公路管理养护站职责：

（一）负责桥梁养护管理的技术工作，监督检查管养单位桥梁养护工程师职责履行情况。

（二）组织内桥梁养护管理工作计划，并监督实施。

（三）按规定负责复核四、五类技术状况桥梁的评定工作。

（四）组织、参与制定重大桥梁的大、中修和改建工程技术方案的对策措施，并组织审验其科学合理性。

（五）组织桥梁养护工程师及有关技术人员的技术业务培训。

第七条 桥梁养护工程师应具有三年以上从事桥梁养护管理工作经历，具有工程师及以上技术职称。

第八条 桥梁养护工程师实行定期培训制度。将定期聘请高等院校、科研单位对桥梁养护工程师进行技术培训。

第九条 桥梁养护工程师实行定期考核制度。将按年度对桥梁养护工程师进行考核。对不合格者将不予聘用。

附件 G

西和县路政管理“三员”联动机制实施方案

2013 年 7 月 15 日　　　　　　　　　　　西交发〔2013〕83 号

为切实加强农村公路路政管理，不断探索、建立和完善适应的农村公路路政管理体制和运行机制，按照省、市、有关文件要求，西和县农村公路路政管理大队推行路政管理“三员”联动机制工作。为确保该项工作稳步实施、扎实推进，特制定本实施方案。

一、指导思想

深入贯彻落实科学发展观，服从和服务于社会主义新农村建设，紧紧围绕“保护路产路权、保通保畅保安全”中心任务，建立“政府负责、部门执法、群众参与、综合治理”的农村公路路政管理长效机制，不断提升依法行政能力和执法服务水平，努力实现农村公路路政管理跨越式发展。

二、目标任务

（一）建立完善的组织保障体系

1. 进一步落实责任主体。县人民政府是本县内农村公路路政管理的责任主体。县交通运输局主管本县内的路政管理工作，其所属的路政管理机构具体承担日常管理工作和实施具体执法行为。

2. 进一步健全管理机构。根据管理需要在乡（镇）设立农村公路路政执法管理中队；并明确和落实各级路政管理机构的编制、级别、职责。统筹组织开展本区内农村公路路政管理工作。

（二）创新管理协作机制

坚持“统一领导、分级管理、以县为主、乡村配合、专业与协管结合”的管理原则，注重联系实际，建立最有利于本地区路政管理工作开展的协作机制。

1. 推行路政管理“三员（路政员、协管员、信息员）联动”机制。要充分调动和发挥广大路域群众自我管理公路的意识，通过选拔、培训等形式，在县级路政管理机构中充实和加强专职路政人员，在担负各区域内主干公路路政管理工作任务的同时，指导乡（镇）、村做好路政管理工作；乡（镇）政府聘请专职路政协管员，配合县级路政管理机构负责辖区内路政管理工作，及时反馈路况，督促路政信息员落实具体工作任务；在重点路段和自然村聘请路政信息员，负责本村公路的日常巡查和政策宣传，对侵害公路的违法行为要立即制止并及时汇报。通过“三员”联动，实现农村公路路政管理无缝隙覆盖的全民共管局面。

2. 实施路政管理目标责任考核。建立健全县、乡、村逐级考评机制。县交通运输局要与乡（镇）签订《路政管理责任书》，明确公路管理里程、工作重点、具体任务和评价标准，并根据工作质量，落实考核奖惩措施。各乡（镇）要与公路沿线商（住）户签订《爱路护路公约》，推行门前公路“六包”责任制（即门前卫生整洁、无路阻路障、无蚕食侵害、无堆场占道、无打场晒粮、无损坏行道树），并与聘请的路政联络员、信息员签订责任书，明确管理职责和相关报酬，建立“一级抓一级，层层抓落实”的工作机制。

3. 建立村级公路管养协会。按照“谁管养、谁受益”的原则，县交通运输局可以指导各乡（镇）以行政村为单位，成立以村社负责人为成员的公路管养协会，采取管养结合、群防群治的方法，重点对公路沿线的砖瓦厂、采石场、采砂厂等厂矿企业加强监督管理，组织动员广大村民管理好本村公路，达到有路必管、管必到位的目的。

4. 探索与相关企业建立互利协作模式。坚持“成果共享、责任共担、共同使用、共同管护”的原则，积极与辖区企业单位协商，签订农村公路共用、共管协议。对企业长期频繁使用的农村公路，在建设时由企业出资提高公路建设标准，在使用期由企业出资承担应尽的管理养护责任。

5. 发挥农村公路管理示范带动作用。按照“五无一通”（无占用公路用地、无占用公路摆摊、无新增违章建筑、无公路乱堆乱放、无占用公路加水，公路安全畅通）的公路管理目标，积极开展“路政管理文明村镇”和“建设文明样板路”创建活动，典型引路，示范推广，努力创造良好的路域环境。

（三）树立严明的执法队伍形象

1. 加大执法队伍建设力度。按照“积极参与、分层施教、立足岗位、注重实效”的原则，分批组织农村路政管理工作骨干，有针对性地开展路政案件处理、行政执法、网络操作、财务会计等方面的培训，努力提升农村路政管理队伍素质。

2. 严肃执法工作制度纪律。要开展路政管理人员的思想、组织、作风、纪律等方面的整顿，不断提高路政管理人员的道德、业务素质；落实交通运输部《路政文明执法管理工作规范》要求，进一步明确交通执法流程，规范执法行为；实施政务公开，向社会公开路政管理的内容、法律依据、操作程序、工作规范以及监督措施，使路政执法置于群众的监督之下，建立健全有效的执法制约机制。

三、组织领导

为确保全县农村公路路政管理大队推行路政管理“三员”联动机制工作的顺利开展，西和县安交通运输局路政管理大队成立工作领导小组。

创建领导小组下设办公室，设在西和县交通运输局办公室主要工作是负责联络协调、督办落实、指导工作。

四、工作要求

（一）提高认识，加强领导。县交通运输局要把创建工作作为加强路政工作的重中之重，实行创建工作责任制，主要领导亲自抓，分管领导具体抓，一级抓一级，层层抓落实。

（二）检查督导，狠抓落实。采取多种形式定期对乡（镇）路政管理中队机构工作开展情况进行检查督导，要将检查督导贯穿于始终。

（三）巩固成果，突显成效。及时总结好的经验和好的做法，加以推广，以此不断促进全县农村路政管理工作向着规范化、制度化方向迈进。